Gabriele Schlegel
mit Claudia Tödtmann

•

Wie kommen Sie mir denn?

GABRIELE SCHLEGEL MIT CLAUDIA TÖDTMANN

WIE KOMMEN SIE MIR DENN?

Notwehrmaßnahmen gegen schlechtes Benehmen

MIT KARIKATUREN VON DIRK MEISSNER

Linde
international

Bibliografische Information Der Deutschen Bibliothek

Die Deutsche Bibliothek verzeichnet diese Publikation in der Deutschen Nationalbibliografie; detaillierte bibliografische Daten sind im Internet über http://dnb.ddb.de abrufbar.

ISBN 978-3-7093-0205-7

1210 Wien, Scheydgasse 24, Tel.: +43/1/24 630
www.lindeverlag.at

Umschlag: buero8
Umschlagkarikatur: Dirk Meissner
Satz: deleatur, Dr. Ing. Karl Giesriegl (www.deleatur.com)
Druck: Hans Jentzsch & Co. GmbH., 1210 Wien, Scheydgasse 31
1

INHALT

VORWORT

Kennen Sie das? Sie schieben unbezahlte Überstunden bis tief in die Nacht. Sie helfen der Firma – und der Chef lobt Sie nicht, sondern krittelt auch noch an Ihnen herum? Oder Ihr Abteilungsleiter lässt Sie eine Rechnung bezahlen – und gibt Ihnen das Geld nicht wieder? Oder bei einem Meeting beleidigt Sie ein Kollege oder gar der Chef und keiner greift ein. Wie können Sie sich wehren? Oder wenn Ihre Gäste weitere Gäste mitbringen möchten, Sie dafür keinen Platz mehr haben, aber die Ungeladenen schon mal informiert worden sind. Klasse Situation. Sie haben sich nichts zuschulden kommen lassen – und haben trotzdem plötzlich den Schwarzen Peter.

In Situationen wie diese, Verlegenheiten und Zwickmühlen, bringen einen andere: durch Dusseligkeit, Frechheit oder bloße Gedankenlosigkeit. Das Schwierigste daran ist, dass man nicht so reagieren kann, wie man möchte. Wenn das Gegenüber nicht irgendeiner, sondern der Chef ist. Dem sollte man lieber nicht mit ungebremstem Schaum begegnen, um nicht seine Karriere zu riskieren. Dieses Buch gibt Tipps, wo es keine Regeln gibt. Für Situationen, in denen andere Menschen menschlich reagieren oder sich daneben benehmen – jedenfalls nicht wie geschliffene Diplomaten. Wenn andere die Regeln verletzen und man selbst der Betroffene oder Gekränkte ist. Oder wenn man Gastgeberpflichten hat und verpflichtet ist einzugreifen, zu retten oder Bedrängten beizuspringen. Und all das am besten mit Souveränität, Charme und Humor.

Mein Dank gilt meiner Freundin Anja Müller, die Gabriele Schlegel und mich als Autorinnen zusammengebracht hat.

Claudia Tödtmann
Januar 2008

ELEGANTE LÖSUNGEN FÜR AUSWEGLOSE LAGEN

Eingeladen – und trotzdem zahlen Sie

Die Lage ist vertrackt: Sie werden zum Business-Lunch eingeladen und als es ans Bezahlen geht, stellt Ihr Gastgeber fest, dass seine Kreditkarte im Restaurant nicht akzeptiert wird. Bargeld hat er aber auch nicht dabei. Der hilflose Blick wandert direkt in Ihre Richtung ... und Sie bezahlen. Natürlich versichert er Ihnen hoch und heilig, dass er es Ihnen umgehend zurückgibt. Was bis hierhin nur ein wenig peinlich ist, wird danach richtig peinlich. Wenn die Schulden nicht zurückgezahlt werden. Jeder eilt zurück ins Büro, der Alltagsdruck lässt das ernsthafte Vorhaben, gleich das Geld zu überweisen, in Vergessenheit geraten. Die Gretchenfrage: Darf man den anderen an die offene Rechnung erinnern oder nicht? Man darf. Unbedingt sogar. Sonst wäre es demjenigen nur noch unangenehmer, wenn es ihm viel später auffällt.

Oft sind es ja geringe Beträge, die sich ein Kollege oder ein Geschäftsbesucher pumpen. Da gibt es die Kollegen, denen am Kaffeeautomat das Kleingeld fehlt, von denen man aus Höflichkeit den Mini-Betrag nie einfordern würde. Oder den Kollegen, dem Münzgeld für Zigaretten fehlt. Gerade deshalb sollte sich jeder, der nicht gern in den Geruch eines Schnorrers kommen will, besonders gut um

seine Schulden kümmern. Und sei es nur, um zu signalisieren, dass er die Hilfsbereitschaft nicht im nächsten Augenblick vergessen hat.

Wie oft erlebe ich es bei Veranstaltungen, dass ein Gast – meist der jüngste, also der mit dem geringsten Gehalt – anbietet, etwas von der Bar mitzubringen. Von Kaffee über Weißwein bis Cognac – mitten im Gespräch wird das Glas angenommen, manchmal nur mit dem Kopf genickt, um die Unterhaltung nicht zu unterbrechen – und das Bezahlen wird vergessen. Sicher nur aus Unüberlegtheit.

Am besten ist es ohnehin, wenn bei solchen Veranstaltungen einer der Führungskräfte seine Mitarbeiter zu einer Runde einlädt und die Rechnung übernimmt. Aus Prinzip – und weil so eine freundliche Geste immer gut ankommt. Ein Chef, der seinen Leuten nach dem Essen in der Kantine regelmäßig einen Kaffee spendiert, macht sich nicht nur beliebt, sondern stellt auch seine Position klar. Positiv.

Unangenehm ist dagegen, wenn Chefs einen Mitarbeiter auffordern „Holen Sie mir doch bitte mal eben ein Würstchen". Und ihm nicht gleich das Geld mitgeben. Denn den jungen Mitarbeitern fehlt oft der Mut, nach dem Geld zu fragen. Ich kann auch nur raten, es zu lassen.

Möchte jemand das Geld nicht zurückhaben, sagt er am besten ausdrücklich „Fühlen Sie sich eingeladen". Und dann darf der Bedachte auch nicht weiter insistieren oder abzuwehren versuchen, sondern ihm bleibt nur noch eins – sich höflich bedanken.

Herrensandalen sind tabu

Der Personalchef eines Hamburger Konzerns klang völlig genervt und stöhnte: Die Geschäftsleitung drehe schier durch, wenn sie sieht, in welchem Aufzug derzeit – bei den tropischen Temperaturen – die Konzernmitarbeiter zur Arbeit erschienen: „Manche sehen so aus, als trügen sie noch ihren Schlafanzug." Birkenstocks und Bermudas herrschen bei den Männern plötzlich vor, die Damen trügen zu kurze Röcke und Spaghettihemdchen mit tiefen Ausschnitten. Er könne ja schlecht den Mitarbeitern vorschreiben, was sie anziehen müssten.

Was er denn tun solle? Zunächst einmal muss er klarstellen, was die Geschäftsleitung nicht sehen will. Also: Der Rock soll zumindest bis kurz über dem Knie reichen, das Dekolleté keine Einblicke erlauben. Shorts sind tabu, für Frauen wie Männer. Bermudas gehen in konservativen Unternehmen auch nicht. Kurzärmelige Hemden, in denen Herren stets wie Knaben wirken, sollten dem Wochenende vorbehalten bleiben. Ich empfehle, langärmelige Hemden hochzukrempeln. Die Herrensandalen und hinten offene Schuhe sind ein besonderes Thema: Egal wie gut das Fußbett ist, Sandalen sind unmöglich. Ob ohne oder – schlimmer noch – mit Socken. Die Alternative sind geflochtene, aber vorne geschlossene Slipper – die gehen.

Sicher sind Feinstrümpfe für Damen normalerweise ein Muss, aber ohne Klimaanlage bei Hitze nicht mehr. Ebenso wenig aber dürfen stattdessen behaarte Beine und Achseln oder länger vernachlässigte Füße entblößt werden. Denn: Kleider sind immer eine Sache des Respekts vor anderen Menschen – doch zur eigenen Qual dürfen sie auch nicht werden. Und Damen, die sich ohnehin schon beklagen über anzügliche Blicke, sollten diese nicht noch provozieren durch Stilettos, Ultra-Minis und tief gebundene Cache-Coeurs.

Die Verantwortung liegt aber bei der Führungsriege: Sie muss Regeln verkünden und damit Sicherheit geben. Und: Sie ist es, die den Spirit aufrechterhalten muss. Ich weiß von einem Chef einer großen Werbeagentur, der dieser Tage ab 17 Uhr allen hitzefrei gab – und persönlich auch den Letzten aus der Bürotür scheuchte. Manche Unternehmen geben ab 30 Grad Eistee aus, aber die sollten es dann bitte auch jedem Mitarbeiter sagen und den Tee nicht nur in eine unauffällige Ecke stellen, zur freien Bedienung. Auch eine Runde Eis für alle motiviert und stärkt die Nerven. Das ist im Übrigen die Gelegenheit schlechthin, auch als Chef auf einer unteren Ebene bei seinen Leuten Punkte zu sammeln.

Nur nicht die Beherrschung verlieren

Sozialverhalten ist Glückssache? Anscheinend. Und Pech ist es, wenn „Businessman“ dabei beobachtet wird, wie er überheblich ist zu anderen – in Gegenwart seiner Geschäftspartner. Etwa wie er einen Oberkellner herunterputzt, bei dem an diesem Abend einfach alles schiefgeht: „Ach, bekommen wir heute auch noch etwas zu essen hier?“ oder „Ihnen kann man auch beim Gehen die Schuhe besohlen“, spottete ein Gastgeber fast zynisch. Dabei war derselbe Mann gegenüber seinen Gästen alert, gewandt, fast perfekt. Doch alles, was am Ende bei denen hängen blieb, war sein Danebenbenehmen gegenüber dem Personal. Dass er eloquent war, fachlich beschlagen und die Gespräche mit ihm interessant waren, wurde plötzlich unwichtig. Denn er hatte sein Gesicht verloren.

Insbesondere bei Geschäftstreffen mit Chinesen ist so ein Verhalten der gröbste Schnitzer, der einem überhaupt unterlaufen kann. Denn nicht nur, dass sich erst in Stresssituationen erweist, ob jemand Anstand und Benimm hat, ob er sich beherrschen kann und diszipliniert ist. Dem Chef die Schokoladenseite zeigen ist das eine. Das beherrscht jeder. Aber sich auch quer durch die Hierarchie und am Servicepersonal nicht auszulassen, wenn etwas Unvorhergesehenes passiert – das ist die Kunst, die auch Freiherr von Knigge einforderte, als er vom Umgang mit den Menschen schrieb.

Bob Kimmit ist so jemand, der dies einmal in größerer Gesellschaft eindrucksvoll bewies. Er war seinerzeit noch im Aufsichtsrat von Mannesmann, heute ist er stellvertretender Finanzminister der USA. Bei einem Essen kippte ein junger Kellner Kimmit aus Versehen eine Karaffe Rotwein über seinen Anzug und das Hemd. Ich kann mir viele vorstellen, denen die Gesichtszüge entglitten wären und die die Fassung verloren hätten – nicht so Kimmit. Er legte dem armen Tropf zur Beruhigung die Hand auf den Arm und sagte, dass ihm so etwas Ähnliches selbst auch schon passiert sei. Damals, als er sich sein Studium mit Kellnern verdiente. Allen anderen Gästen imponierte dieses souveräne Verhalten sehr. Und ich meine, von jeder Führungskraft kann man heute so viel Gelassenheit und respektvolles Verhalten erwarten.

Und – woran kann man am besten einen Menschen erkennen? Daran, wie er sich verhält, wenn er Macht bekommt. Wie sich jemand benimmt, wenn er glaubt, es komme gerade nicht so darauf an. Wenn er Abhängige ebenso respektvoll behandelt wie seine eigenen Vorgesetzten. Freiherr von Knigge forderte sogar dies: Auch wer als Junggeselle alleine am Tisch sitzt, solle sich so benehmen, als sei er in Gesellschaft.

Unfallflucht beim Opernball

Der Täter war gut gekleidet – wie alle war er im Smoking erschienen. Doch das hielt den Mittvierziger, geladener Gast beim Opernball in Leipzig, nicht von den übelsten Grobheiten ab. Sein Opfer war meine Tischnachbarin, die Frau eines Flughafenvorstands, die ein cremefarbenes, langes Kleid trug. Mit anderen Gästen plaudernd, gingen beide die großen Treppen hoch, als er hinter ihr gleich ein zweites Mal auf ihr Kleid trampelte. Wobei sie es beim zweiten Mal fast nach hinten wegriss, weil der Täter mit solcher Wucht drauftrat. Das Geräusch war gut vernehmbar, der Riss in ihrem Kleid – quer über den Po – gut sichtbar. Alle um sie herum merkten sofort, was passiert war – nur der Täter nicht. Auch das kann passieren. Nur wie der Übeltäter reagierte, das darf nicht sein: Er ging einfach weiter nach dem Motto „Ich habe nichts gesehen, da kann nichts gewesen sein" und wollte die Traube der Stehenbleibenden flugs umgehen. Der Flughafenchef jedoch verteidigte seine Frau und konfrontierte den Täter: „Entschuldigung, haben Sie nicht gemerkt, dass Sie gleich zwei Mal auf das Kleid meiner Frau getreten sind und dies nun zerrissen ist?" Doch der parierte nach einer anderen Devise – „Angriff ist die beste Verteidigung" – und beleidigte den Manager: „Sie Flegel, haben Sie nicht gelernt, dass man Leute, die sich unterhalten, nicht unterbricht!"

So viel Frechheit siegte leider doch – zumal die Firmengäste der Airline nicht weiter das peinliche Spektakel mitbekommen sollten. Die arme Dame musste auf ihrem Platz sitzen bleiben, an Tanzen war nicht mehr zu denken, und den ganzen Abend sprachen sie wohlmeinende Leute an, sobald sie doch mal aufstand: „Wissen Sie, dass Sie da einen Riss haben?"

Wie hätte der Täter die Situation retten können? Eigentlich ist die Palette groß. Als Erstes hätte er sich vorstellen, entschuldigen und seine Karte übergeben müssen: „Selbstverständlich komme ich für den Schaden auf.“ Schließlich kostet so ein Kleid gerne mal an die 1000 Euro. Er hätte sie fragen müssen: „Gibt es etwas, was ich jetzt tun kann?“ Zum Beispiel ein Taxi rufen, mit dem sie nach Hause fahren kann, um sich dort umzuziehen. Oder einen Taxifahrer bei ihr zu Hause ein anderes Kleid holen lassen. Falls die Dame keinen Begleiter hat, sollte er dafür sorgen, dass sie nicht ganz so viele peinliche Blicke erntet, und sie geschickt flankieren. Und unbedingt einen guten Tropfen an ihren Tisch und einen Zweizeiler – mit Hand – am Folgetag schicken.

Dasselbe passierte übrigens Sabine Christiansen, der prominenten deutschen TV-Talkerin am Abend der Bambi-Verleihung in Düsseldorf im November 2007 gleich zweimal nacheinander: Einmal mit der Schauspielerin Gudrun Landgrebe und dann mit der TV-Moderatorin Frauke Ludowig. Mehrere Zeitschriften berichteten ausgiebig darüber, wie pikiert Christiansen reagierte und sogar früher die Bambi-Verleihung verließ.

Auch der Gutsherr muss ab und an über seine Felder reiten

Die Werberin hörte gerade noch, wie am anderen Ende der Leitung jemand zwar den Hörer abnahm, aber mehr als ihren Namen wurde sie nicht mehr los. Es wurde gleich wieder eingehängt. Die Täterin war eine Abteilungsleiterin, die gerade schwer beschäftigt war. Ihre Marotte: Sie nahm immer nur kurz den Hörer hoch, um zu erfahren, ob nicht doch vielleicht ein Kunde oder ein anderer externer Anrufer am Apparat war. War es ein Kollege, hängte sie kurzerhand wortlos ein und setzte – ganz egoistisch – auf dessen Nachsicht für die Grobheit. Nur dieses Mal hatte sich die Chefin verrechnet: Die Kollegin hatte nämlich tatsächlich den dicksten Kunden der ganzen Agentur unterm Knöpfchen, der die Dame sprechen wollte. Dumm nur, dass die Kollegin jetzt deutlich erkennbar nach Ausflüchten suchen musste.

Die Situation jedenfalls ist typisch: Heute hat niemand mehr Zeit. Wo früher Kollegen auch schon mal kurz miteinander schwätzten, ist heute dafür kein Raum mehr. Eine After-Work-Party oder ein Kennenlern-Seminar können das nicht kompensieren. Wer mich das ganze Jahr über ignoriert, den mag ich auch bei dieser Gelegenheit nicht sprechen. Denn hetzen die Vorgesetzten nur von Termin zu Termin – freilich mit wichtigen externen Menschen – und umgeben sich auch beim Essen in der Kantine nur mit ihrer Ebene, dann ist es fast zwangsläufig, dass sich die Mitarbeiter innerlich verabschieden. Nach dem Motto: Warum soll ich mich für den Laden noch einsetzen, wenn ich dem Chef nicht mal einen Gruß und ein paar Worte wert bin. Menschlich nachvollziehbar ist es allemal.

In Unternehmen, in denen der Seniorchef selbst noch präsent ist und öfter mal die Runde durch die Büros dreht, bleiben die Mitarbeiter loyal. Auch Michael Otto, Chef des Otto-Versands, der größten Versandhausgruppe der Welt immerhin, geht regelmäßig durch die Zentrale und die Mitarbeiter schwärmten mir davon vor.

Ein guter alter Freund vor mir nennt das so: „Das ist wie bei einem Gutsherren, auch der muss ab und zu selbst über die Felder reiten und sich den Bauern zeigen." Doch gerade hier liegt ein dickes Missverständnis: Jeder Chef rühmt sich heute so: „Meine Tür steht für meine Mitarbeiter immer offen." Sie selbst mögen es zwar so empfinden, aber de facto ist das nur in den seltensten Fällen so. Meist sitzt doch eine Vorzimmerdame als Zerberus davor oder nach den ersten ambitionierten Tagen bleibt die Tür zunehmend geschlossen. Und wer ihn treffen will, muss ihm im Waschraum auflauern. Als Mann jedenfalls.

Der gute Ruf geht vor

Das Fest endete für den Vermögensverwalter sehr viel schneller als erwartet. Unter den anderen Gästen machte der Rheinländer nämlich einen Unternehmer aus, der berechtigterweise eine ziemlich schlechte Presse bekommen hatte und dessen Ruf seitdem lädiert war. Der Mann hatte, indem er sich selber aus dem Tagesgeschäft zurückzog, zwar üble Folgen für seine Firma verhütet, rehabilitiert wurde er nie. Der Vermögensverwalter handelte ruck, zuck und konsequent: Er entschuldigte sich bei dem verblüfften Gastgeber und kündigte an, dass er lieber sofort gehen wolle. Aus Sorge um seinen eigenen guten Ruf, ganz besonders, da auch Presse anwesend war. Keinesfalls wollte er mit diesem Unternehmer in Verbindung gebracht werden. Auch nicht anschließend in der Presse oder in einer Fotogalerie auf einer Homepage des Gastgebers. Und so etwa das Bild vermitteln, gemeinsam aufzutreten, gemeinsam zu feiern und sich überhaupt einig zu sein.

Die Situation ist für den Gastgeber wie den Gast gleichermaßen unangenehm: Es gibt Animositäten, die auch ein noch so umsichtiger Gastgeber nicht kennen kann. Oder es wird ein Überraschungsgast mit eingeladen, von dem ein anderer Gast nichts ahnt, geschweige denn, dass jener ihm willkommen ist. Zwei Dinge muss ein so düpierter Gast jedenfalls vermeiden: Weder darf er sich davonstehlen – er muss sich wenigstens dem Gastgeber erklären –, noch darf er sich laut und vernehmbar äußern. Die Sorge um den eigenen Ruf als Grund, das Weite zu suchen, mag angehen. Aber es genügt nicht als Grund, wenn ein Gast lediglich den anderen nicht leiden kann oder gar schon mal Differenzen mit demjenigen hatte. Allein aus Respekt dem Gastgeber gegenüber muss für den einen Abend die Antipathie verborgen und das Kriegsbeil begraben werden.

Diskretion ist das oberste Gebot. Fast immer sind die Räume auch groß genug, sich aus dem Weg zu gehen. Zur Not lässt sich, insbesondere bei aufdringlichen Gästen, auch durchaus Distanz schaffen. Durch Signale und notfalls klare Worte. So erlebte ich bei einem Botschaftsempfang in Washington, wie ein Journalist einem ziemlich aufdringlichen Chef einer PR-Agentur – der unter Insidern schon einen zweifelhaften Ruf hatte und nun Vertraulichkeit suggerieren wollte – professionell abblitzen ließ. Ohne große Worte, ohne die Stimme zu erheben und ohne Arroganz: Die hingehaltene Visitenkarte des Agenturchefs nahm er einfach nicht an und sagte gelassen, aber deutlich: „Ich möchte Ihnen meine Visitenkarte nicht geben." Und wendete sich im nächsten Augenblick ab.

Wenn Frauen die Hosen anhaben

Mit dem Wort „So“ unterbrach der Manager des Chemieunternehmens kurz und knapp seine Kollegin. Obwohl sie auf gleicher Hierarchieebene war. Und sie ließ es zu. Statt weiterzureden und die Stimme zu heben. Die gestandene Managerin stoppte, guckte ihn erwartungsvoll an – und realisierte erst dann, dass sie selbst der Stimme des Herrn mehr Gehör schenkte als sich. Ganz nonchalant fasste der Kollege alles Gesagte zusammen und machte dann seine Vorschläge für die nächsten Schritte.

Wie sie hätte reagieren können? Mit der klaren Ich-Botschaft „Ich bin gespannt auf Ihre Ausführungen, möchte meine Erklärungen aber erst beenden“ oder „Einen Augenblick bitte, ich bin noch nicht fertig …“. Was dann am wichtigsten ist: sofort weitersprechen. Maßregeln hat in so einem Moment keinen Sinn, sondern provoziert höchstens dumme Kommentare wie „Sie sind doch sonst nicht so empfindlich“. Das Zickenbild wäre perfekt.

Was kann die Höflichere noch tun? Ich rate, mit einem Kompliment so einen männlichen Redeschwall zu unterbrechen: „Was Sie sagen, finde ich sehr wichtig.“ Oder: „Richtig, Sie haben den Kern des Problems benannt.“ Denn solche positiven Bestätigungen lassen den anderen innehalten. Diese Sekunde will genutzt sein, und frau kann fortfahren etwa mit „… und ich denke, genau an diesem Punkt unterscheiden sich unsere Ansätze …“

Immer wieder beobachte ich, dass es gerade die Mitarbeiterinnen sind, die Chefinnen in den Rücken fallen. Es läuft immer wieder gleich ab: Zwei Frauen sprechen miteinander und kaum betritt der Mann den Raum, um seinerseits eine Bitte an die Mitarbeiterin zu richten, wendet sich diese unvermittelt dem Mann zu. Ganz selbstverständlich, mitten im Satz. Um ihn vorzuziehen – und die Chefin damit bloßzustellen. Ich habe noch keinen Mann erlebt, der sich diese Bevorzugung nicht gefallen ließ. Der Zurückgesetzten bleibt nur eins: ganz ruhig unterbrechen, aber sofort. Am besten die Hand heben und sagen „Sorry, ich bin noch nicht fertig".

Der krasseste Fall – der im Berufsalltag so ähnlich übrigens täglich passiert – ist dieser, den eine Pressesprecherin eines Dienstleisters erlebte. Sie sollte einen Messestand abnehmen, aber der Handwerker schaute sie, seine einzige Ansprechpartnerin auf der Kundenseite, gar nicht erst an. Stattdessen verteidigte er seine – unvollendete – Arbeit gegenüber einem zufällig anwesenden Vertreter. Auf den redete er ein, bis der dem Handwerker sagte: „Nicht ich bin Ihr Ansprechpartner, sondern Frau Brose." In so einem Fall hilft es nur, deutlich zu werden: „Ich habe hier die Verantwortung, sprechen Sie bitte mit mir."

Kurzfristige Absagen sind ein No-go

Darf man eine Business-Einladung holterdiepolter im letzten Augenblick absagen? Die Telekom hat das gerade gemacht. Sie hat ihre – obendrein traditionelle – Cebit-Party „Talk@night“ bei den 500 geladenen Gästen abgesagt. Ich halte das für kritisch. Die Gäste solcher Events haben den Termin lange eingeplant. Je größer die Veranstaltung, umso mehr Menschen haben sich dort auch bereits verabredet – man sieht sich. Umso eher, wenn das Fest ein Ritual ist und Jahr für Jahr stattfindet.

Der Imageschaden ist zu hoch. Nicht nur im Fall einer Messeparty. Auch kleinere Einladungen sind – einmal ausgesprochen – absolut verbindlich. Die Ausladung ist immer auch ein verbaler Schlag ins Gesicht für die Eingeladenen. Dabei geht es gar nicht um die einmal gesetzten Maßstäbe, die vielleicht nicht jedes Mal machbar sind. Es ist kein Problem, wenn die Speisen und Getränke auch mal bescheidener ausfallen: Würstchen statt eines erlesenen Büfetts, Prosecco statt Champagner, Musik vom Band statt Liveband. So mutmaßt die Zeitschrift „Capital“, die Telekom befürchte negative Schlagzeilen, wenn sich mehr oder minder prominente Gäste auf Kosten des Unternehmens einen schönen Abend machten, während bei 50000 Mitarbeitern die Gehälter gekürzt werden sollen. Die Ausladung als Demo-Maßnahme? Möglicherweise.

Doch wie empfindet man es, wenn Großunternehmen zu solch relativ geringfügigen Sparmaßnahmen greifen, nur um sich als – sagen wir mal – politisch korrekt in Szene zu setzen? Nur um möglichen Kritikern gleich den Wind aus den Segeln zu nehmen. Denn Demonstranten wie vor kurzem beim Frankfurter Opernball waren gar nicht in Sicht. Besser ist es, solch eine Großveranstaltung mit hohem Aufmerksamkeitswert nur abzusagen, wenn man gleich eine griffige Erklärung mitliefern kann. Damit Spekulationen gar nicht mehr aufkommen können.

Doch kurzfristig absagen oder gar unentschuldigt fernbleiben, das ist jedoch umgekehrt auch ein No-go für die Gäste. Besonders wichtig ist dies für Ehrengäste. Solche, die eine Veranstaltung aufwerten sollen – und für andere Gäste oft der Grund zur Zusage sind. Gerade diese VIPs müssen zugesagten Veranstaltungen wenigstens einen Kurzbesuch abstatten und sich sehen lassen – und damit den Gästen und dem Gastgeber Respekt erweisen. Und wenn sie nur für eine halbe Stunde kommen, Hände schütteln und unauffällig den Rückzug anzutreten.

„Wie kommen Sie mir denn?"

Es gibt Situationen, in denen auch die souveränsten Menschen lieber im nächstbesten Mäuseloch verschwinden würden. Zum Beispiel in dieser: Sie sitzen bei einer Firmeneinladung, bei einem gesetzten Essen, das von Darbietungen unterbrochen wird, an einem großen runden Tisch. Man unterhält sich angeregt, die Stimmung ist prima. Bis plötzlich eine Dame von der Firma des Gastgebers gegen 23 Uhr völlig unvermittelt eine Attacke reitet, und zwar gegen einen Kunden. „Also neulich, da sind Sie ja bei meinem Chef in Ungnade gefallen, was Sie da gemacht haben ..." Der so Angegangene war sich bis dahin keiner Schuld bewusst – und brauchte das auch gar nicht. Dumm nur, dass sich der Vorwurf der Mitarbeiterin nicht mal eben vom Tisch wischen ließ, vor allen Leuten. Dazu war er zu konfrontativ. Die Umsitzenden hatten es mit angehört, konnten sich keinen Reim darauf machen und schwiegen betreten. Mit der Angreiferin war einfach ihr Temperament durchgegangen und sie hatte vergessen, dass dies nicht der richtige Ort und nicht die richtige Zeit für so persönliche Vorwürfe war.

Wie man aus so einer Situation herauskommt? Ohne die Stimmung zu beeinträchtigen? Am besten mit „Apropos ..." – und Contenance. Zum Beispiel so: „Apropos Chef ... ist es richtig, dass Ihr Chef immer so gerne im Urlaub auf Mallorca golft?" Ablenken ist die Devise. In der konkreten Situation fand – zum Glück – ein Kollege der Dame sogleich die richtigen Worte, um die Situation zu entschärfen, und rettete so auch ganz nebenbei die Firmenehre. Er sagte ganz gelassen und freundlich lächelnd: „Och, ich empfand das gar nicht als schlimm." Und das war die Vorlage, an die der Attackierte ansetzen und nonchalant lächelnd den Ball zurückspielen konnte: „Ach da bin ich ja froh, dass Sie weniger streng mit mir sind."

Ein anderer Dreh ist: den Angriff einfach überhören. Oder ihn gar nicht als Angriff annehmen und die Teflonpfanne geben, an der alles abgleitet. Ohne den Tonfall erhöhen und ohne Erregung reagieren, ganz beiläufig nur etwas anmerken. Fast so, als ginge einen das Ganze nichts an. Schauen Sie etwas unkonzentriert und wenden Sie sich dem Nachbarn auf der anderen Seite zu. Denn dann bemerken die anderen Anwesenden häufig gar nicht, was eigentlich gerade stattfand. Insistiert die Penetrante dennoch immer weiter, kann noch Humor entschärfen – indem man etwas ganz ins Komische zieht.

Nie zum Spielball werden

Unverschämtheit siegt. Jedenfalls denken gerade erfolgreiche Menschen manchmal so. Oder sie machen sich keine Vorstellung davon, ob und wann sie unverschämt wirken. Ein Beispiel schilderte ein Handelsblatt-Leser, ein Notar. Er und ein Mandant hatten einen Unterzeichnungstermin mit einer Bankerin, die einfach nicht auftauchte. Mehrfache Anrufe bei ihr brachten nur Vertröstungen, erst eineinhalb Stunden später kam sie endlich – um mit einer lapidaren Begründung ihrem Verhalten die Krone aufzusetzen: „Bei uns ist mittwochmittags immer der Teufel los.“ Bleibt die Frage, warum sie trotzdem für einen solchen Wochentag einen Termin ausmachte. Doch statt die verlorene Zeit wieder hereinzuholen, ging sie eiskalt an ihr klingelndes Handy und begann ein Gespräch – minutenlang machte sie es sich bequem vor den beiden Herren. Bis der Notar einfach dazwischenging, wütend. Zu Recht. Schließlich wartete bereits der nächste Klient vor der Tür. Ganz souverän hätte er das noch eher tun sollen – und auch können. Er hat die Gastgeber- und Regisseurrolle. Schließlich hat jeder Kunde Priorität, auch der nächste, pünktliche. Wer so viel Verspätung hat, den darf man getrost an einen Vertreter verweisen, ihm einen neuen Termin vorschlagen oder ihn bitten, so lange zu warten, bis der Nächstfolgende, der Pünktliche verarztet ist.

Ist der Unverfrorene ein sehr hohes Tier oder ein superzahlungskräftiger Kunde, kann man ihm auch offerieren: „Ich komme in zwei Stunden gerne in Ihr Büro.“ So zeigt der Versetzte Wertschätzung, lässt sich aber nicht zum Spielball degradieren.

Umgekehrt ist es aber auch denkbar: Dass ein pünktlicher Kunde in die Warteschleife gestellt wird und sich nun dort die Zeit mit einem Telefonat vertreibt. Darf der unterbrochen werden? Höchstens mit

Handzeichen. Nicht aber so, wie es kürzlich ein Notar im Rheinland fertigbrachte: Um die Kunden gar nicht erst in seinem Büro langwierig empfangen zu müssen, hatte der sich ein Stehpult im Wartezimmer aufgestellt – wie in der Sparkasse, um Überweisungsträger ausfüllen zu können. Verschwiegenheit, Diskretion? Keine Spur. Und die telefonierende, dort wartende Dame erntete in dieser Situation sogar noch einen Anpfiff: Sie könne später weiterreden, jetzt müsse sie erst mal unterschreiben. Die Ärmste hatte bis zu dem Moment nicht einmal begriffen, wer da in der Zimmerecke herumpusselte. Sich erst einmal vorzustellen fand er offenbar auch zu zeitraubend.

BESONDERE SITUATIONEN ERFORDERN BESONDERE MASSNAHMEN

Der Controller befördert Sie nicht

Der Controller meint, Essen mit Geschäftspartnern wären doch nicht so wichtig? Er hat enge Obergrenzen vorgegeben, die Sie tunlichst nicht überschreiten sollten? Dann liegt er im Trend – aber so ein Schuss geht leicht nach hinten los. Geschäftsessen haben in der globalen Geschäftswelt durchaus viel Bedeutung. Mag Ihr Controller es als reine Nahrungsaufnahme oder Luxus ansehen, so ändert das nichts daran, dass sie zum Beispiel für Franzosen – und die sind immerhin Deutschlands größter Handelspartner – oder Asiaten wichtige Mittel zur Beziehungspflege sind. Bieten Sie einem Chinesen ein Restaurant und ein Hotel der Mittelklasse an und bestellen preiswerte Weine, so setzen Sie damit das ganze Geschäft aufs Spiel. Weil Sie ihm – wenn auch ungewollt – signalisieren, dass er Ihnen nicht mehr wert ist.

Teure Lokale, Weine und das beste Essen sind Zeichen der Wertschätzung für den Gast und damit auch eine Aufwertung für den

Gastgeber und sein Unternehmen. Enge Kostenvorgaben wirken sich als Imageschaden aus und können mit einem Verlust des Auftrags enden.

Gerade im internationalen Geschäft spielen Vertrauen und Sympathie eine große Rolle. Fehlt es daran, wandert der Auftrag eben woanders hin. Selbst wenn der andere Anbieter einen Tick teurer ist. Darauf sollte man sich einstellen und gar nicht erst versuchen, die eigene Mentalität durchzusetzen.

So lieben Amerikaner alkoholfreie Arbeits- und Mittagessen. Das Abendessen mit ihnen sollte um 22 Uhr beendet sein. Chinesen dagegen lieben es, nach dem Abendessen auch noch einen gemeinsamen Barbesuch anzuschließen. Und Südländer sind dankbar, wenn sie nicht schon um 19 Uhr zum Essen eingeladen werden. Das Wichtigste ist also immer, dem Gast ein gutes Gefühl zu geben, denn je besser der Kontakt ist, umso unproblematischer läuft dann auch das Geschäft.

Das Know-how um die ungeschriebenen Regeln ist ebenso wichtig wie Sprachkenntnisse. Reichen die eigenen nicht aus, gibt es überall Dolmetscher. Aber wenn der Fettnapf einmal so richtig getroffen ist, gibt es meist keine Gelegenheit zum Wiedergutmachen. Zumal es dem Betroffenen nur selten bewusst ist, was er falsch gemacht hat, und er sich am Ende nur maßlos wundert, warum die Konkurrenz den Zuschlag bekommt. Und dann wird es seiner Karriere auf lange Sicht nichts nützen, wenn die Controller seiner Firma ihn nie rüffeln mussten. Und der Firma nützt es natürlich auch nicht: Denn wenn ein Expatriate in seinem Land nichts zustande bringt, ist es alles andere als preiswert, ihn rasch auszutauschen gegen einen sensibleren Kollegen.

„Das tut man doch wohl nicht"

Da hatte eines der ganz großen Beratungshäuser eingeladen. Zu seinem jährlichen Essen im festlichen Rahmen. Fast nur Männer waren dabei. Eine der wenigen anwesenden Damen reagierte spontan, als sie einen anderen Gast begrüßen wollte, und gab ihm die Hand. Quer über den Tisch. Weil's in dem Moment gerade nicht anders ging. Doch das sollte sie büßen: Denn prompt rüffelte sie einer der Herren öffentlich: „Das tut man aber nicht, über den Tisch die Hand geben!"

Rums. Der Dame war die Laune für die nächste halbe Stunde verhagelt. Auch die anderen Gäste wussten bei so einer unverblümten Attacke nicht, wo sie hinschauen sollten. Der selbst ernannte Benimm-Experte hatte sich nämlich in Wirklichkeit gerade ebenso öffentlich als Flegel geoutet: Erstens darf man andere – und erst recht keinen Fremden – nicht einfach so maßregeln. Zweitens darf man das schon gar nicht öffentlich tun, also vor Dritten, und dann noch in so einem feierlichen Rahmen. Denn ein Gast hat in erster Linie die Pflicht, zum guten Gelingen des Abends beizutragen, und nicht, andere Gäste in eine peinliche Situation zu bringen. Geschweige denn, ihnen die Stimmung zu verderben. Und drittens war sein Rüffel der viel schlimmere Patzer als die Lässlichkeit der Dame. Und viertens hätte er die Dame schon allein deshalb nicht schurigeln dürfen, weil sie eine Dame ist.

Zumal: Derjenige Herr, der die Hand über den Tisch gereicht bekam, war es am Ende des Tages, der sich falsch benommen hatte. Es wäre nämlich an ihm als Herr gewesen, vom Tisch aufzustehen, auf die Dame zuzugehen, um sie zu begrüßen. Genau genommen hätte – wenn schon – er gerüffelt werden müssen. Für sein Sitzen-Bleiben. Der Dame jedenfalls blieb dieser Chauvi-Abend nicht in guter Erinnerung – und der Rüffler auch nicht.

Benimmregeln sind nichts Statisches, die es zwanghaft zu befolgen gilt. Das Geheimnis besteht darin, souverän mit Etikette-Regeln umzugehen und andere nicht zu verletzen oder in Verlegenheit zu bringen. Wer die Etikette unnötig betont, sie doof findet und durch den Kakao zieht oder – im Gegenteil – auf ihr herumreitet, setzt sich nur selbst der Lächerlichkeit aus. Zum Beispiel der Abteilungsleiter, der seine Besucher an den Ausgang brachte mit der lautstarken, selbstgefälligen Bemerkung: „Ich bringe sie hinaus, ich weiß doch, was sich gehört!" Und ganz nebenbei bemerkt: Der Small Talk wird so in die Sackgasse gefahren. Denn was soll der andere darauf schon noch antworten?

Vermintes Terrain

Darf ich meinen Chef kritisieren?" Oder: „Darf ich ihn auf seine Unzulänglichkeiten aufmerksam machen?" Diese Fragen stellte eine Handelsblatt-Leserin kürzlich. Etwa, wenn er ungerecht ist zu einer Mitarbeiterin und gerade auf deren Verbesserungsvorschläge immer besonders pampig reagiert und sie mit schöner Regelmäßigkeit abbügelt. Oder dass er seine Präsentationen immer hoffnungslos überzieht, bis auch der Letzte gähnt. Ob sie ihm das unter vier Augen sagen dürfe?

Mein Tipp: Ja, so viel Mut darf es schon sein, doch mit ein paar Besonderheiten und nicht wie unter Kollegen. Ein Gespräch sollte nur unter vier Augen stattfinden und nicht mit anderen Kollegen im Vorfeld besprochen werden. Laufen Sie auf keinen Fall mit einem DIN-A4-Blatt und einer ganzen Latte von Verfehlungen bei dem Chef auf wie ein Racheengel. Dann fühlt sich der Vorgesetzte lediglich so, als werde er schon seit Monaten permanent und heimlich belauert. Zur Debatte stehen sollten nur die ganz konkreten Vorfälle, mehr nicht. Diffuse Vorwürfe von „miesem Betriebsklima" helfen nicht weiter. Die Fakten müssen auf den Tisch, aber bitte klar getrennt von der Person besprochen werden. Und wie viel Kritik ein Chef aushält, das ist eine Sache des Feingefühls. Klar ist, dass es ebenso supersensible Typen gibt, die Kritik immer schwer persönlich nehmen, und andere, die geradezu dickfellig sind. Die Devise „Der Chef bekommt Schmerzensgeld für seinen Job" mag stimmen, doch trotzdem ist Vorsicht angesagt. Im Zweifelsfall würde ich lieber den Rückzug antreten, statt Recht zu behalten.

Denn es kann noch dicker kommen: Gerüffelt werden vom Vorgesetzten ist das eine. Aber gerüffelt werden für etwas, was man in Wirklichkeit richtig gemacht hat, das ist bitter. Wenn der Chef, sich irrend, seinem Mitarbeiter einen vermeintlichen Fehler vorhält, etwa bei den Aussagen, dass die Schweiz nicht zur EU gehöre oder dass in Großbritannien nicht mit dem Euro gezahlt werde. Die richtige Antwort wäre leicht zu finden. Doch der Vorgesetzte hat Wissenslücken – und ist felsenfest von seinem Irrglauben überzeugt. Knifflige Lage: Wer sich direkt wehrt, behält vielleicht in dem Moment Recht, muss es aber die nächsten Jahre büßen. Niemand verliert gerne sein Gesicht und schon gar kein Chef vor einem Rangniedrigeren. Wichtig ist, auch wenn man zu Unrecht beschuldigt wird: sachlich bleiben. Das bringt Respekt ein. Am besten ist eine Redewendung wie „Können wir die Fakten bitte noch einmal rekonstruieren" oder „Ich sehe das anders und möchte das gerne klarstellen". Auf keinen Fall aber den Chef konfrontieren mit Anschuldigungen: „Sie haben das falsch dargestellt." Dann ist die Tür zugeschlagen – und öffnet sich nicht wieder.

Ach, Herr Schlauschlau ist auch hier!

Ach, Herr Schlauschlau ist auch anwesend, möchte man manchmal in den Raum hineinsagen. Frei nach dem Kabarettisten Kurt Krömer, der so reagiert, wenn ein Besserwisser aus dem Publikum ihm das Leben – oder den Auftritt – lautstark schwer macht mit Korrekturhinweisen. Und zwar solchen, die vielleicht für sich genommen richtig sind, aber eben die Stimmung vermiesen. Doch ganz so frei wie Krömer ist man im Alltag, geschweige denn im Geschäftsleben, eben doch nicht. Freche sowie spöttische Bemerkungen sind nicht angesagt. Selbst wenn der andere zuerst losgelegt hat.

Ähnlich erging es gerade wieder einem Handelsblatt-Leser, der sich über den Besserwisser-Spruch „Ladies first" ärgerte. Die Situation: Der Herr war mit seiner Partnerin auf einem wichtigen Ball. Dort traf er einige Vorgesetzte – allesamt Männer und in Damenbegleitung –, denen er seine Partnerin gerne vorstellen wollte. Dabei hatte er „in Erinnerung, dass das Begrüßungsritual damit beginnt, dass sich die beiden, die sich kennen, zuerst begrüßen und sich danach ihre Begleitungen vorstellen, wobei der Niedrigere in der Hierarchie mit seiner Dame beginnt. Doch das ist zwei Mal schief gegangen", klagte er. Denn er wollte jeweils seinem Vorgesetzten die Hand reichen und ihm daraufhin seine Partnerin vorstellen und wurde gleich zwei Mal hintereinander von zwei verschiedenen Chefs mit dem Spruch „Ladies first" abgewürgt.

Wie unhöflich dieses Abbügeln war, ist klar – nur: „Wie hätte ich reagieren können, um die Situation noch einigermaßen zu retten?", fragte der Leser. Mein Rat: Unhöflichkeiten werden abgebogen, indem man nicht darauf reagiert. Dabei ist es ganz einfach: Es ist nur natürlich, dass Menschen, die sich kennen, sich auch zuerst begrüßen – und dann die jeweiligen Partner vorstellen. Das korrekte Vorgehen: Der Vorgesetzte reicht zuerst dem Mitarbeiter die Hand – Handreichen in der Hierarchie funktioniert von oben nach unten. Dann stellt er seine Partnerin vor und sie reicht dem Mitarbeiter die Hand. Dann stellt der Mitarbeiter seine Partnerin vor und sie reicht der Partnerin des Vorgesetzten und dann dem Vorgesetzten die Hand. Beim Begrüßen soll jeder wissen, wer vor ihm steht. Erst dann gilt „Ladies first".

Diese Aufzählung macht deutlich, dass Regeln absurd wirken können: Ein freundliches Lächeln und eine natürliche Begrüßung bleiben in Erinnerung, die Rangfolge nicht. Eine Zurechtweisung unter Erwachsenen aber ist respektlos wie unhöflich – unhöflicher als jeder Fehler in der Reihenfolge.

Der Gastgeber darf nicht die Schweiz spielen

Zu Gast sein auf der eigenen Veranstaltung: Sich im Zweiergespräch verlieren in der Atmosphäre, den Getränken und dem Essen, nach eigenem Gusto, aber ohne die anstrengenden Gastgeberpflichten, das wäre zweifellos wunderbar. Doch so einfach ist es nicht: Wer sich so verhält, hat seine Rolle nicht verstanden. Und das kommt leider immer wieder vor. Besonders unangenehm wird das nämlich für Gäste, die entweder plötzlich ganz einsam sind, weil sie niemanden außer den Gastgeber kennen. Oder für Gäste, die von anderen Gästen irgendwie angegangen werden.

Zum Beispiel, wenn ein Raucher sich gerade als Krönung der Gemütlichkeit eine Zigarette anstecken will und die Dame neben ihm geradezu hysterisch wird. So geschehen bei der Verleihung des Journalistenpreises „Der Goldene Prometheus" in Berlin. Dem einladenden Unternehmer wurde heiß und kalt, er wollte keinen seiner beiden Kunden verlieren. Glücklicherweise lenkte der Raucher bald ein und verschwand nach draußen. Doch ansonsten wäre es am Gastgeber gewesen, einzugreifen und zu vermitteln. Er darf nicht die neutrale Schweiz spielen und sich raushalten. Er muss sagen: „Ich bin Ihnen dankbar, wenn Sie aufs Rauchen verzichten könnten." Nur pädagogische Belehrungen oder Wertungen sind tabu.

Manchmal landen auch zwei Streithähne oder zwei Alphamännchen am selben Tisch, von denen jeder der Größte, Schönste und Beste sein will. Entweder hat die Sitzordnung dies bestimmt oder der Einladende kannte die Gäste nicht persönlich. Manchmal reicht etwas zu viel Alkohol und aus Nichtigkeiten werden Probleme. Ein sensibler Gastgeber verhält sich wie ein Conférencier und unterbricht dann sofort die Kontrahenten. Etwa indem er sein Glas mit einem Trinkspruch erhebt und dann eine neutrale Frage an einen der zwei richtet. Oder sie mit einem Themawechsel unterbricht: „Wir sprachen gerade über die Wahlen. Herr Meier, Sie sind doch Bremer, haben Sie mit dem Ergebnis gerechnet?“ Deeskalation ist die Devise. Oft genügen die Stimme des Gastgebers, Augenkontakt und eine höfliche, deutliche Themenwende – und der Aggressor kann trotzdem sein Gesicht wahren.

Dieselbe Pflicht zum Eingreifen obliegt dem Gastgeber, wenn zwei nebeneinander sitzen, die sich nichts zu sagen haben. Oder die Feinde sind und sich stoisch anschweigen – obgleich auch sie verpflichtet sind, aktiv zum Gelingen des Festes beizutragen.

Eine Hand kann nicht klatschen

Die 30-jährige Mitarbeiterin eines Münchener Beraters berichtete mir entsetzt: Zum ersten Mal in ihrem Arbeitsleben war sie sechs Wochen krank gewesen, ernsthaft und besorgniserregend. Doch in der ganzen Zeit rief ihr Chef sie nicht einmal an. Sicher, jeder hetzt durch den Arbeitstag, und sie hatte Verständnis dafür. Damit konnte sie leben, zur Not. Doch dann kam vier Tage vor ihrer Rückkehr eine Mail ihres Chefs – ohne einen Satz der Anteilnahme, nur mit Anweisungen für die nächste Woche. Das verletzte die Beraterin umso mehr. Machte ihr das Stillschweigen ihres Chefs erst deutlich, dass sie als Mensch so gar nicht wahrgenommen wurde.

Was wäre die Spielregel gewesen? Der Chef hätte wenigstens einmal anrufen müssen, um nach ihrem Wohlbefinden zu fragen und zumindest einen Blumenstrauß schicken sollen. Zum Vergleich: Führungskräfte, die von ihrem Unternehmen nach Asien geschickt werden, müssen deutlich mehr Einsatz gegenüber ihren Mitarbeitern zeigen. Jedenfalls wenn ihnen ernsthaft am Erfolg ihrer Firma vor Ort gelegen ist. Sie müssen sich nicht nur an das Krankenbett ihrer Mitarbeiter bemühen, sondern sogar an das von erkrankten Angehörigen ihrer Mitarbeiter. Auch den Weg in ein Krankenhaus müssen sie antreten, wenn sie nicht die Loyalität ihrer Leute verlieren wollen. Was am Krankenbett dann stattfinden soll? Nach Details der Krankheit zu fragen ist tabu, Distanz wahren ist die Devise sowie Anteilnahme zeigen und Hilfe anbieten.

Asiaten untereinander verhalten sich bei Krankheitsfällen so, wie es sich auch viele hier wünschen würden: Die Kollegen bekochen Erkrankte, bringen kleine Geschenke und wechseln sich mit Besuchen ab. Führungskräfte sollten nicht jedermanns Liebling sein und auch nicht für alles Verständnis haben, aber in Ausnahmefällen müssen sie auf der persönlichen Ebene reagieren: bei ernsthaften Krankheiten, Geburten und Todesfällen in der Familie. Dann muss die Firma Anteilnahme zeigen, damit das Wir-Gefühl glaubhaft ist. Manager mit diesem Feingefühl haben Anspruch auf kooperative Mitarbeiter, die den Führungskräften Respekt und professionelle Distanz entgegenbringen. Geschäftliche Umgangsformen müssen von beiden Seiten erfolgen. Ein ägyptisches Sprichwort sagt „Eine Hand kann nicht klatschen", ebenso wenig ist nur eine Seite für das Arbeitsklima verantwortlich. Die Signale für den Umgangsstil müssen allerdings von der Führungsspitze kommen.

„Warum wollte ich Sie doch gleich treffen?"

Es passierte zum soundsovielten Mal – und brachte mal wieder alle Kollegen in Harnisch. Der Marketingchef kam unvorbereitet ins Meeting, in dem Beschlüsse gefasst werden sollten. Alle verloren Zeit und die Atmosphäre war gereizt, da die Auskunftgeber – selbst wenn sie unkommentiert halfen – an keinen konstruktiven Arbeitsstil mehr glaubten. Kollegen werden so zu persönlichen Assistenten degradiert, und das ist inakzeptabel.

Ähnlich respektlos verhielt sich der Chef, der ein Meeting anberaumt hatte aber vergaß, worum es gehen sollte. Die Kollegen sollten sich bei ihm zum Klärungsgespräch einfinden. Der Vorfall, um den es ging, lag aber Monate zurück – der Terminkalender des Chefs war allzu voll gewesen. Doch nun wusste der Chef nicht mehr, was er wollte, mochte das aber nicht zu erkennen geben. Er begann damit, allgemeine Schuldzuweisungen vorzunehmen nach dem immer gern genommenen Motto „Die Kommunikation stimmt hier nicht". Die Sitzung endete unverrichteter Dinge und mit enttäuschten Mitarbeitern. Die nämlich hatten sich etwas erhofft – vergebens. Und sie hatten zu viel Takt und Angst vor dem Chef, um ihn ins Bild zu setzen.

Allzu anspruchsvoll sind viele Anrufer in Redaktionen, wie mir Journalisten immer wieder erzählen. Da rufen Leute an, die partout Erwähnung finden wollen – aber nicht einmal die Publikation kennen. Dieselben haben keine Hemmungen, mit immer neuen Fragen ihrer Erwartungshaltung noch eins draufzusetzen, den Angerufenen immer weiter die Zeit zu stehlen und die banalsten Dinge zu erfragen – die ebenso gut in der Publikation selbst oder im Internet nachlesbar sind. Bei jeder Akquise sollte ein Verkäufer in spe die Unternehmensdaten der angesprochenen Firma kennen. Fragen wie „Ach, können Sie mir mal gerade erklären ..." beweisen aber einen Schuss Ignoranz und das Hinwegsetzen über Grundregeln des Geschäftslebens. Die Angesprochenen sind oft nur höflich und liefern die Infos. Nur, so wird dem anderen sein Fehlverhalten kaum bewusst, da „doch alles klappt". In interkulturellen Verhandlungen wird so ein Verhalten nicht akzeptiert. Asiatische Gäste verlassen nach einer Anstandsfrist die Verhandlung, ohne dass ihre Verärgerung erkennbar ist. Und werden sich unter Garantie nicht mehr melden. Das Geschäft ist gelaufen.

Die Vorfahrt nehmen lassen und dann noch bedanken

Wie schaffen es manche Leute nur, dass sie jemandem die Vorfahrt nehmen, den Schneid abkaufen oder einen anderen irgendwie zurücksetzen – und sich der so Übervorteilte auch noch am Ende bedanken muss, wenn er seine Rechte dann einfordert? Wie etwa bei der Assistentin des Vertriebsleiters, als sie vor dem Büro eines Technikers auf ihn warten musste. Doch in der Sekunde, als der IT-Mann frei wurde, huschte eine Kollegin an ihr vorbei. Und tat gerade so, als habe sie die Wartende gar nicht bemerkt. Ein vernehmbares Räuspern und ein deutliches Hochziehen der Augenbrauen halfen. Immerhin. Doch die Ertappte reagierte nicht etwa verlegen, sondern zischte: „Na bitte, dann gehen Sie doch vor." Und spontan, ohne nachzudenken, wie aus einem Reflex heraus, bedankte sich die Assistentin – obwohl eigentlich die Sachlage verschoben war.

Oft treten freundliche Menschen zurück, weil arrogante Alphatiere sich automatisch den Vortritt nehmen. Abgerundet wird die Situation dann oft noch durch Dritte, die dies unterstützen, indem sie die Alphatiere zuerst anhören oder bedienen. Und dem Übergangenen bleibt die Spucke weg. Wie man dem Einhalt gebieten kann? Zum Beispiel mit dem Satz „Einen Augenblick bitte, ich warte schon seit einigen Minuten auf den Techniker" und indem man im selben Moment beherzt an der vorschnellen Kollegin vorbei ins Büro geht. Oder: „Entschuldigung, ich bin vor Ihnen dran. Es dauert aber nicht lange." Ohne aggressiven Unterton und ohne Kritik. Kritik üben gehört in den Freundes- und Familienkreis, im Job reicht es, den eigenen Standpunkt zu definieren. Dasselbe gilt für Externe, die so den Spieß herumdrehen. Etwa wenn ein Einkäufer ein Angebot erhält vom Lieferanten und als er ordern will, ganz vorwurfsvoll gesagt bekommt: „Dies Produkt haben wir noch gar nicht da." Ich rate, kühl wie gelassen zu kontern: „Dann verbinden Sie mich mit dem, der es besorgen kann. Oder mit Ihrem Chef."

Spione im Büro

Kennen Sie diese ungenierten, neugierigen Blicke auf den Bildschirm Ihres PCs? Sie bearbeiten Ihre Mails, schreiben gar etwas Vertrauliches und jemand tritt an Ihren Schreibtisch und macht einen langen Hals. Oder Sie schauen tatsächlich gemeinsam auf den Bildschirm und plötzlich – pling – erscheint die kleine Anzeige im Bildschirm, wer Ihnen denn gerade eine Mail mit welchem Betreff schickt. Hochinteressant womöglich, und nicht nur für Sie. Da werden Kontakte publik oder gar noch-geheime Projekte. Gibt dann der Neugierige Kommentare ab – passende oder unpassende –, die den nötigen Respekt und Distanz vermissen lassen, wird es inakzeptabel. Es sind massive Übergriffe und die Ausgekundschafteten fühlen sich im eigenen Büro ihrer Gastgeberfunktion beraubt. Für den eigenen Schreibtisch im Großraumbüro gilt nichts anderes. Nur: Höfliche Leute sind dabei oft überfordert und reagieren viel zu sanftmütig, um Eklats zu vermeiden.

Zum Beispiel der Chefjurist eines Automobilkonzerns. Er telefonierte am späteren Abend, als seine Tür offen stand zum Vorzimmer hin. Weil er mit dem Gesicht zum Fenster stand, selbst sprach und die Sekretärin weg war, bemerkte er nicht, wie ein Vorstandsassistent ins Vorzimmer gekommen war und etliche Minuten lang das Telefonat mit anhörte. Eins, dessen Inhalt eben nicht für die ganze Firma gedacht war. Betreten schweigen wäre jetzt das falsche Signal. Solche Grenzverletzungen sollte man ad hoc thematisieren: „Dies ist mein Büro und ich möchte ein deutliches Anklopfen hören, bevor jemand eintritt." Oder: „In meinem Büro möchte ich keine Besucher hinter meinem Schreibtisch sehen. Dieses Verhalten stört mich massiv und ich möchte das nicht noch einmal erleben." Auch eine Entschuldigung und den Einwand, dass man sich „nichts dabei gedacht" habe, braucht man nicht akzeptieren.

Wer in das Büro eines anderen geht, hat die Pflicht, Regeln einzuhalten. Im Großraumbüro ist es zwar schwieriger, Grenzen zu beachten, die allenfalls virtuelle sind, aber dort ist es umso wichtiger. Detaillierte Verhaltensregeln sind hier erforderlich, angepasst an die Unternehmensphilosophie und vor allem mit unmissverständlichen Vorgaben. Ziele verkünden ist kein Äquivalent, denn hier ist für persönliche Interpretationen allzu viel Raum. Etwa: Die Schreibtische und PCs von Kollegen sind tabu. An sie heranzutreten ist nur im Einverständnis, nach Aufforderung erlaubt. Ansonsten gilt der Mindestabstand von einem halben Meter. Ebenso wichtig: Persönliche Angewohnheiten oder Marotten von Kollegen zu tolerieren – so lange sie die anderen nicht wirklich bei der Arbeit stören.

„Beleidigung für meine Intelligenz"

Das ist eine Beleidigung für meine Intelligenz, schnaubte kürzlich ein Freund, ein Angestellter eines Großunternehmens, vor Wut. Er meinte damit den Vortrag des Topmanagers, der der Belegschaft die offensichtlichen Missstände schönreden wollte. Die Strategie hatte jeder im Publikum erkannt: lieber nichts sehen, nichts hören, nichts sagen wie die drei berühmten Äffchen, statt öffentlich Farbe zu bekennen? Und womöglich Fehler zuzugeben. Geschenkt, das ist mangelnde Souveränität. Gegenwehr zwecklos. Und wenn die Lüge Programm ist, sollte man sich lieber nach einem besseren Arbeitgeber umsehen.

Doch oft belügt auch ein Kollege den anderen oder ein Vorgesetzter seinen Mitarbeiter. Jeder lügt mehrmals täglich, sagen Psychologen. Oft, um andere nicht zu verletzen oder des Betriebsfriedens willen. Aber was ist, wenn die Lügen offensichtlich und ruck, zuck enttarnbar sind? Manche lohnt es nicht, auffliegen zu lassen, weil es nur Zeit kostet und den anderen beschämen würde. Doch manche Lügen sind respektlose Frechheiten. Weil jeder Beteiligte sie glasklar erkennt – und der Belogene nur die Wahl hat zwischen der Faust in der Tasche oder Eklat.

Es kommt darauf an, ob Dritte da sind. Dann wird Nachfragen peinlich. Anders unter vier Augen, da heißt die Gegenstrategie: konkret festnageln. „Welche Beispiele können Sie mir dazu nennen?", „Welcher Kunde hat diese Beurteilung abgegeben?", „Bitte geben Sie mir Beispiele für mein Fehlverhalten!", „Ich kann Ihren Aussagen nicht folgen, da ich die Zusammenhänge ganz anders erlebt habe." oder „Ihre Aussage kann ich nicht zuordnen, geben Sie mir bitte einige Fakten!“ Schwieriger wird‘s, wenn kein Nachfragen möglich ist. Weil die Lüge eindeutig eine Ausrede und schon die Antwort war. Lassen Sie Konfrontationen wie „Sie wissen doch, dass das nicht stimmt.“ Effektiver ist, für einige Sekunden demonstrativ zu schweigen und dann nur zu fragen: „Wie meinen Sie das genau?“ Dasselbe hilft auch bei solch absurden Situationen: Sie kritisieren die Arbeit von jemandem. Doch der Adressat nimmt das nicht wahr, verteidigt die Kritisierte: „Also ich kenne Frau Meier als nette Kollegin.“ Dabei hatten Sie das gar nicht bezweifelt – und sind schon in der Defensive. Warten Sie erst ab und sagen dann, ohne Blickkontakt: „Können wir zur Lösung des Problems zurückkommen?“ Professionelles Schweigen heißt das – und das glättet die Wogen schnell.

INTERNATIONALES

Ein „kurzes Kleid" ist kein Mini

Die Einladung des Bundesministeriums war überdeutlich: „Dunkler Anzug, kurzes Kleid“ lautete der Dresscode. Die Folge: So viele Miniröcke waren in den heiligen Hallen noch nie zu sehen. Etliche Damen trugen einen ultrakurzen Minirock, und manche von ihnen konnten es sich so gar nicht leisten. Wie das passieren konnte? Die Gastgeber hatten es besonders gut machen wollen und nicht nur für die Herren einen Dresscode angesagt, sondern auch einen für die Damen. Was bis dahin unterblieben war und auch nicht sein muss. Nun passierte, was passieren musste: Ein Teil nahm diesen Hinweis allzu wörtlich und erschien ultrakurz.

Als Regel gilt: Der Gastgeber verfasst die Einladung so, dass die Gäste nicht Rätsel raten müssen. Gerade die Kleiderordnung verwirrt zuweilen, doch jeder möchte – und sollte – unbedingt korrekt gekleidet erscheinen. Die Angaben auf der Einladung müssen möglichst konkret sein. Begriffe wie Black Tie oder Abendanzug trüben bei vielen die Freude über die Einladung: weil sofort die Frage auftaucht, was um Himmels willen bloß gemeint ist. Dass beide Begriffe signalisieren, dass ein Smoking erwünscht ist, erschließt sich nicht sofort. Besser wäre es also, gleich Smoking als Dresscode zu schreiben. Dazu passend erscheinen die Damen im kleinen Schwarzen, also einem kurzen Abendkleid, oder einem schlichten langen Kleid. Mit

Vorgaben für die Damen ist es also schwieriger: Festlich-elegant, wie es heute oft heißt, lässt allzu viel Interpretationsspielraum.

Für viele Veranstaltungen ist es bereichernd, ein buntes Erscheinungsbild kann ein fröhliches Fest unterstreichen. Bei offiziellen Veranstaltungen geht das dagegen nicht. Lädt zum Beispiel der Bundespräsident zum Neujahrsempfang ein, so lautet der Dresscode: Cut – hochoffizieller Tagesanzug –, dazu trägt die Dame ein elegantes Kostüm. Alles andere ist respektlos. Wer keinen Cut tragen möchte, kann absagen.

Ich habe schon mal einen Bundesminister erlebt, der diese Spielregel ignorierte. Er verbot seinen eigenen Staatssekretären, im Cut zum feierlichen Empfang zu gehen – obwohl es in der Einladung so gewünscht war –, und schrieb ihnen vor, im Tagesanzug zu kommen.

Das war am Ende besonders unangenehm für die Staatssekretäre. Nicht nur, dass sie sich einen Schnitzer leisteten mit ihrer unpassenden Kleidung, sondern sie hatten den nicht einmal selbst zu vertreten, weil er auf das Konto ihres Chefs ging. Was sie wiederum nicht öffentlich zugeben durften.

Riesenevent oder exklusive Feier?

Die Gäste überraschen wollen, das ist sicher nett gemeint, kann aber böse ins Auge gehen. Wer seinen Gästen dagegen Vorfreude bereiten und ihnen dumme Situationen ersparen will, verrät schon in der Einladung Konkretes. Also außer dem Zeitpunkt, wann's losgeht, auch das Ende. Nicht nur für die, die öffentliche Verkehrsmittel nutzen wollen. Jeder Gast will schließlich wissen, ob er noch am selben Abend nach Hause fahren kann oder auf jeden Fall ein Hotelzimmer buchen muss.

Und ganz wichtig zu wissen: Sollten die Gäste vor der Ausstellungseröffnung schon gegessen haben oder nicht? Für manche Veranstalter scheint selbstverständlich, dass es anschließend ein richtiges Essen gibt. Ich habe Modeschauen von Cartier oder Escada erlebt, nach denen es ein opulentes Mahl gab. Verwirrend war die Einladung zu einer Modenschau eines deutschen Markenproduzenten, die sehr exklusiv wirkte. So exklusiv, dass es den Anschein hatte, dass ein überschaubarer Kreis geladen war. Doch was passierte? Ein Riesenspektakel mit 800 Gästen. Selbst einer der Unternehmenslenker musste 45 Minuten draußen im Kalten bibbern, ehe er hinein durfte. Jeder Einzelne wurde nämlich langwierig abgehakt auf der Gästeliste. Und die Mägen der Geladenen machten sich immer lauter bemerkbar, weil es nämlich nur ein paar Tabletts mit Fingerfood für die 800 Leute gab – mit denen sich die Kellner kaum durch die Menge kämpfen konnten.

Ebenso unglücklich fühlen sich Fisch-Allergiker, die am Aschermittwoch in Köln zum traditionellen Fischessen geladen sind. Denen vorher zu verraten, was sie erwartet, reicht nicht. Vielmehr sollte es immer Alternativen geben. Auch ob ein asiatisches Büfett vorgesehen ist oder ein gesetztes Essen mit fünf Gängen, ist für die Gäste gut zu wissen.

Übrigens ist es sicherer, auf der Einladung nicht nur das Datum anzugeben, sondern auch den Wochentag – das hat schon manch eiligen Leser vor Pannen bewahrt. Auch für die Rückmeldungen muss es eine deutliche Aussage geben. Damit dem Geladenen klar ist, bis zu welchem Tag er ab- oder zusagen soll – und ob per Telefon, Fax, E-Mail oder beiliegender (bitte frankierter!) Antwortkarte.

Dass sich ein guter Gast so schnell wie möglich festlegt, ist klar. Bei Absagen kann der Gastgeber dann ohne Zeitdruck andere Gäste nachladen. Nicht zu reagieren und dann doch zu erscheinen ist extrem unhöflich. Wer noch jemanden mitbringen möchte, muss unbedingt zuerst den Gastgeber fragen. Weiht er versehentlich vorher den anderen ein und winkt der Gastgeber dann ab, hat er nämlich ein Erklärungsproblem.

Ein Lob kann auch beleidigen

Ein Lob kann unangebracht und distanzlos sein. Sie lesen ganz richtig. Öffentlich darf nämlich nicht jeder jeden loben, sondern nur der Ranghöhere den Rangniedrigeren. So vergriff sich erst kürzlich der Sprecher einer internationalen Konferenz schrecklich im Ton, als er einen asiatischen Staatsmann in launigem Ton als Redner ankündigte mit den Worten: „Da Sie beim letzten Mal ganz gut waren, haben wir Sie noch einmal eingeladen."

Dies war verletzend und herabwürdigend, denn die Bewertung „ganz gut" ist in offiziellem Rahmen immer unangemessen. Und das insbesondere, wenn es sich um einen der prominentesten Redner der Konferenz handelt.

Und noch einen Verstoß beging der Sprecher: Er darf nicht mehr tun, als seine Freude zum Ausdruck zu bringen, und sich nicht in seiner Funktion derart erhöhen, dass er einen Regierungschef lobt – und sich damit ein öffentliches Urteil über ihn erlaubt.

Zum anderen beging der Sprecher den Fauxpas, die Formulierung „ganz gut" nicht nur gegenüber einem geschätzten Senior, sondern auch gegenüber einem Asiaten zu wählen. Asiaten legen dreimal so viel Wert auf Konvention und Achtung vor Seniorität wie Europäer. Zu Eklats neigen Asiaten nicht. Aber die Folge wird der Veranstalter beim nächsten Mal spüren, wenn er versucht, ihn wieder einzuladen: Der Asiate wird garantiert nicht zusagen – vermutlich wird der Veranstalter nie begreifen, warum.

Im Business sollten Späße und ironische Bemerkungen immer nur über die eigene Person geschehen. Alles andere ist zu heikel und kann schlimmstenfalls politische Verwicklungen auslösen. Im Geschäftsleben wird sich ein potenzieller Kunde zurückziehen, ohne dass der Grund erkennbar wird. Selbst bei einer großen US-Kanzlei, die eigentlich einen deutschen Fusionspartner gesucht hatte, habe ich so etwas bereits erlebt.

Manchmal kann sogar ein Lob, das öffentlich und an sich korrekt einem Geschäftspartner gezollt wird, im Umkehrschluss einen anderen Geschäftspartner desavouieren. So lobte der Sprecher einer Airline in der Presse im Voraus eine Kooperation, die er mit einem Markenartikler startete. Er betonte – sicher in wohlmeinender Absicht – die künftige Kooperation zweier Premiummarken. Doch er übersah, dass sich auch der Vorgänger des neuen Partners zu den Premiummarken rechnet – und er ihn öffentlich beleidigte nach dem Motto: Der war's schon mal nicht wert.

Lassen Sie Ihren Partner zu Hause

Nur im Doppelpack bin ich in meiner Freizeit zu haben, erklärte mir ein Journalist in Washington, der in die deutsche Botschaft eingeladen war – jedoch ohne Partner. Er habe schon eine 60-Stunden-Woche und wolle in der wenigen Freizeit seine Partnerin nicht vor den Kopf stoßen und alleine ausgehen. Der Konflikt ist eigentlich für Gastgeber vorhersehbar wie vermeidbar. Doch gerade wenn Gastgeber alles ganz perfekt machen wollen, denken sie vor lauter Eifer nur an ihre Ziele und verlieren die Motive und Belange der Gäste aus den Augen. Um den Gästen diese Zwickmühle – Diskussionen zu Hause oder den frühen Abgang vom Fest – zu ersparen und die Absagequote zu senken, sind Gastgeber gut beraten, lieber gleich einen preisgünstigeren Rahmen zu wählen.

Anders ist es nur bei Betriebsfesten, bei denen sich die Mitarbeiter kennenlernen sollen – die sollten dann aber nicht am Freitagnachmittag oder am Wochenende stattfinden. Auch bei Geschäftsessen wie nach Abschluss eines Vertrags müssen die Partner zu Hause bleiben. Bei Galas wird die Frage – alleine oder mit Anhang – schon kniffliger. Wenn es zum Beispiel gilt, bei einem Menü vom Sternekoch Leute für ihren beruflichen Erfolg zu ehren und die Reden Nicht-Geschäftsleute nur langweilen würden, ist die Solitäreinladung angebracht. Vor allem, wenn auch die Preisträger selbst alleine kommen. Doch sobald etwa eine Unternehmerin des Jahres und ihre Vorgängerinnen alle mit Partner kommen, aber die Funktionsträger wie die IHK-Chefin alleine erscheinen sollen, wird es diskriminierend bis peinlich. Entweder alle oder keiner. Und sollte die IHK-Chefin keinen Partner haben, ist es ohnehin Aufgabe des Gastgebers, für einen Tischherrn zu sorgen. Eine glatte Zumutung ist es, Menschen wegen ihrer Position zu einem Ball – womöglich am Wochenende und obendrein in einer anderen Stadt – alleine einzuladen.

Schafft nun ein einzeln Eingeladener Fakten und bringt seine Begleitung kurzerhand mit, bleibt dem Gastgeber nur die gute Miene zum bösen Spiel. Und den Dreisten für die Zukunft von der Gästeliste zu streichen.

Bleibt die Frage, was mit Einladungen zu Dinnershows ist, wie dem Spiegelzelt von Roncalli-Chef Bernhard Paul und Sternekoch Eckard Witzigmann. Darf der Gast anbieten, eine Karte dazuzuerwerben für seinen Partner, aus eigener Tasche? Ich meine: ja, jedenfalls wenn er höflich anfragt. Dann sollte der Gastgeber es aber zumindest übernehmen, die zusätzliche Karte für den Partner zu organisieren.

Bessere Akquise mit Älteren

Siemens hat einen klugen Schachzug getan: Anil Laud ernannte der Konzern soeben zum Bereichsvorstand Asien für seine IT Solutions und Services. Das Ungewöhnliche daran aber ist, dass Laud bereits 64 Jahre alt ist – manch anderer bezieht dann schon lange Ruhegeld. Oder er wird von seiner Firma dazu gedrängt – wie Ex-BMW-Chef Panke, der mit Erreichen der Altersgrenze von 60 gehen musste, obwohl er sehr erfolgreich war.

Klug ist der Schachzug von Siemens, weil Chinesen größten Wert auf die Fachkompetenz erfahrener Führungkräfte legen, die über langjährige vertrauensvolle Beziehungsnetze verfügen. Dos und Don'ts alleine reichen als Vorbereitung fürs Asien-Geschäft nicht aus. Wer in China – persönlich wie beruflich – Erfolg haben will, braucht ein dichtes Beziehungsnetz. Dieses ist belastbar und langlebig: Ein einmal aufgebautes Vertrauen sichert den Zugang zu den Entscheidungsträgern. Wer junge, unerfahrene Mitarbeiter in die chinesische Geschäftswelt schickt, braucht unbedingt Vermittler. Die sind teuer und nicht immer gut.

Zudem spielt das Senioritätsprinzip eine große Rolle: Chinesen wertschätzen ältere Menschen besonders, gerade wegen ihrer größeren Erfahrung. Anders als hierzulande, wo viele Unternehmen ihre bewährten Manager in Pension schicken – und auf die Wertschöpfung unverzichtbarer Erfahrungen pfeifen.

Wichtig ist in Asien, zu zeigen, dass man nicht beziehungslos in der Welt herumschwirrt. Ein junger Unternehmensberater in Schanghai erzählte mir, dass die Chinesen ihn immer wieder fragten, ob er verheiratet sei. Anfangs blieb er bei der Wahrheit und verneinte stets, bis ihm aufging: Die Antwort kam bei seinen Geschäftspartnern nicht gut an. Erst als er dann einfach bejahte, lief es besser für ihn. Er lernte dann, viel von seinen Professoren, seinen Eltern und den Werten, die sie ihm vermittelt hatten und die ihn immer begleiteten, zu erzählen – und verschaffte den chinesischen Geschäftspartnern so ein besseres Bauchgefühl. Und das wiederum ist unerlässlich für gute Geschäfte. Und noch etwas musste sich der Berater angewöhnen: Ruhe und Gelassenheit an den Tag zu legen. Zeitdruck zu zeigen ist im China-Geschäft unprofessionell. Jedenfalls solange keine vertrauensvolle Beziehung aufgebaut ist. Danach gilt: „Zeit ist Geld."

„Können Sie das überhaupt belegen?"

Auch Zuhörer können Redner ganz schön ins Schleudern bringen. So erlebte ich es erst vor Kurzem in München bei einer Tagung zum Thema „Unternehmenskultur in internationalen Unternehmen": Eine junge Akademikerin hielt einen Vortrag, der einem Herrn in der ersten Reihe offenbar nicht zusagte. Er lehnte sich zurück, grinste und fragte süffisant: „Welche Grundlagen haben Sie denn für Ihre Thesen? Können Sie diese überhaupt belegen?" Die Rednerin kam aus dem Konzept, aber das hatte er wohl auch bezweckt.

Wie man in so einer Situation am besten reagiert? Zuerst einmal hätte sie freundlich nach seinem Namen fragen können: „Bevor ich antworte, sind Sie vielleicht so freundlich, uns Ihren Namen und Ihr Unternehmen zu nennen. Da wir uns alle nicht kennen, können wir uns auf diesem Weg etwas kennenlernen." So etwas nimmt Nörglern jedenfalls schon einigen Wind aus den Segeln. Anonym oder aus der Deckung lässt es sich gut spotten, aber mit vollem Namen und Arbeitgebernennung überlegt sich dann manch einer doch, wie er auftritt.

Als Nächstes ist die Taktik namens Teflonpfanne-Geben angezeigt – jedenfalls in dem Moment und vor größerem Publikum: „Ich wollte Sie nicht mit Statistiken langweilen, aber selbstverständlich lasse ich sie Ihnen gerne zukommen." Oder: „Sehr gerne gebe ich Ihnen Hintergrundinformationen" – und Sie erzählen dann einige Grundlagen-Infos. Auch „Können Sie bitte Ihre Frage für uns alle noch einmal konkret wiederholen, damit ich Ihnen detailliert antworten kann" hilft, aus unspezifischer Stimmungsmache sachliche Beiträge zu machen. Und es hilft dem Redner aus der Defensive. Das Wichtigste ist, nicht betroffen zu schweigen, sondern professionell den Ärger wegzustecken: aktiv werden mit Ich-Botschaften oder Erklärungsangeboten.

Was jedenfalls nicht hilft, auch wenn es noch so gut gemeint ist: Sitzt auch ein Vorgesetzter des Redners im Auditorium, so sollte er auf gar keinen Fall seinem Mitarbeiter beispringen und ebenso wenig mit Quellen aushelfen in dem Moment. Dann würde der Redner obendrein auch noch als kleiner Assistent dastehen – der vom Chef Hilfe braucht. Die Situation wurde übrigens endgültig gerettet durch einen Schweizer, der aufstand, sich korrekt vorstellte samt Firmennamen, für den informativen Vortrag dankte – und allein durch sein Vormachen, wie‘s richtig geht, den Nörgler umso peinlicher aussehen ließ.

Ehrlich und rüde soll gut sein?

Alle fordern Höflichkeit ein. Von anderen, wohlgemerkt. Mein Eindruck: Die Menschen merken es vor allem immer dann, wenn sie mal selbst die Verletzten sind. Wenn andere ihnen gegenüber mal schlechten Benimm an den Tag legen. Zum Beispiel die Ministerialbeamten in Berlin, mit denen ich kürzlich zusammensaß. Sie stöhnten über die direkten und oft unhöflichen Anfragen vieler Studenten, an Umfragen teilzunehmen oder Informationen für ihre Diplomarbeiten zu bekommen. Diplomarbeiten, von denen die Befragten nichts haben und nur ihre Zeit damit verlieren. Unhöflich, weil die Anfrager allzu hohe Ansprüche an ihr Gegenüber stellen und außer dessen Zeit auch gleich noch ganz viele Unterlagen zusammengestellt haben wollen. Dass man hilft, ist keine Frage. Nur muss der Ton des Anfragenden eben stimmen.

Genauso höre ich immer wieder, wie sich Menschen ärgern, wenn sie nicht zurückgegrüßt werden – etwa von ihren Kollegen auf dem Gang. Da sagen Chefs, dass ihre Tür immer offen ist. Um sie dann doch zu schließen – aus Notwehr. Weil die Mitarbeiter kein Gespür dafür entwickelten, wann sie ungelegen kommen und sich besser wieder zurückziehen, sondern stattdessen aus dem Chefbüro eine Cafeteria machten. Beide haben Recht, irgendwie. Das Fazit: Ohne Mindeststandards an Benimm geht es nicht, auch und besonders nicht im Job.

Höflichkeit ist die Disziplin des Geschäftsmannes. Und deshalb braucht sich ein CEO in den USA keine Sorgen machen, dass seine Leute diesen Abstand nicht einhalten. Auch wenn der tägliche Umgang dort sehr viel lockerer wirkt. Ein US-Chef kann ohne Weiteres in die Kaffeeküche gehen und da mit dem Praktikanten einen

Kaffee lang plaudern – was bei uns kaum vorstellbar wäre. Die Chefs würden den Praktikanten nicht mal begegnen.

Zwar schimpfen Deutsche immer wieder auf die überfreundliche Art der amerikanischen Geschäftsleute nach dem Motto: „Das ist doch alles unecht, ist doch nicht ernst gemeint." Meine Gegenfrage: Heißt das denn, dass unsere rüde Art echt ist? Auch uns täten die Floskeln gut. Einfach zu sagen, was man Positives denkt, ist stets ein guter Small-Talk-Einstieg: „Herzlichen Dank fürs Abholen am Flughafen" oder „Danke, dass Sie sich Zeit genommen haben, mich zu empfangen." Diese Empfindungen haben wir, aber sprechen sie nicht aus – im internationalen Geschäftsleben ist das jedoch unerlässlich.

„Rufen Sie bitte Ihren Boss noch an"

Hierzulande mag es schick sein, jung auszusehen und jugendlich zu wirken – zumindest solange der Jugendwahn in den Unternehmen noch weiter anhält. In Asien können jüngere Manager dagegen unangenehme Erfahrungen machen. Dies erlebten zwei ambitionierte Führungskräfte Anfang 30. Für ihre Firma, ein Dax-Unternehmen, sollten sie Expansionsmöglichkeiten im chinesischen Markt sondieren: Oft führten sie Gespräche mit chinesischen Gesprächspartnern, die sie anschließend baten, doch ihren Boss in Deutschland anzurufen, um eine Bestätigung einzuholen. Schätzen Asiaten mit ihrer Beziehungskultur doch ältere und erfahrene Geschäftsleute sehr.

Wie sich junge Manager in Asien in so einer misslichen Lage verhalten können? Sie können vorbeugen. Etwa indem sie oft ihre Unternehmenskultur erwähnen, die Tradition ihrer Firma, indem sie von den Gründern sprechen und deren Überzeugungen, die noch heute im Unternehmen gelten. Wichtig ist, die Stärke des Vorgesetzten zu erwähnen – das wertet auch den Mitarbeiter selbst auf. Asiatischen Geschäftspartnern gibt das ein gutes Bauchgefühl und es ermöglicht ihnen, deutsche Repräsentanten einem Unternehmen zuzuordnen. Aus ihrer Sicht ist immer die Gruppe, die Firma entscheidend – weniger der einzelne Mitarbeiter. Wichtig ist es zudem, Persönlichkeiten, die man kennt, zu erwähnen. Was wir als Angeben – Namedropping – empfinden, ist in China Signal: ein Signal, wonach diese Information als Bestätigung eines wichtigen Beziehungsnetzes anzusehen ist.

Umschiffen sollten Sie dagegen die deutsche, sehr direkte Geschäftssprache. Zum Beispiel die Frage „Heißt das nun Ja oder Nein?" ist ein Affront gegenüber Chinesen, denn sie haben dann ein

Problem. Ein „Nein" gibt es nicht und Probleme werden möglichst umgangen. Und genau dies zu bemerken, dazu hat ein Deutscher fast keine Chance. Statt sichtbar verärgert zu sein, würde ihn ein Asiate nur anlächeln, um den Fauxpas des anderen zu kaschieren. Probleme sprechen Chinesen nur indirekt an und es dauert eine Zeit lang, bis Positionen geklärt sind. Oder ganz konkret: Die Mittagszeit zu ignorieren und weiterzuverhandeln ist in China ein Fehler. Selbst wenn der Abschluss schon zum Greifen nah ist. Stattdessen muss unbedingt unterbrochen und ein Restaurant – am besten ein Separee – besucht werden. Und: nie ins Freie setzen – weil gerade bei chinesischen Geschäftsfrauen die helle Haut das Schönheitsideal ist.

SO VIEL BENIMM MUSS SEIN

Schiff ahoi? Lassen Sie's lieber

Manche Gastgeber kennen diese alte Regel nicht: Der Köder soll dem Fisch schmecken, nicht dem Angler. Oder sie kennen sie zwar, vergessen sie aber vor lauter Freude und Stolz über ihren Ehrentag. Endlich sehen sie ihren Tag gekommen, an dem sie den Gästen etwas ganz Besonderes bieten wollen. Nur leider ist das Beste aus ihrer Sicht nicht unbedingt das Beste für alle anderen. So luden mich schon ambitionierte Golfspieler zum Golfturnier ein und ich konnte – wie ein paar andere Gäste auch – keine Platzreife bieten. Mir blieb nur, aus Höflichkeit anzubieten, den Caddy zu spielen. Was auch nicht gerade mein Vergnügen an der Veranstaltung hob.

Auch eine Fahrradtour bedeutet nicht nur für den eine Qual, der Heuschnupfen hat und im Mai radeln soll. Oder eine Museumsnacht oder ein Opernbesuch, wenn man kein Fan von Kunst oder Arien ist.

Zu den Risiken zählen jedenfalls Einladungen zu Schiffsfahrten. Mietet eine Firma ein Boot, um das Firmenjubiläum mit Freunden sowie Mitarbeitern und deren Familien mit einer Schiffsfahrt zu begehen, spricht meist mehr dagegen als dafür. Als Erstes gibt es immer Menschen, die seekrank werden, denen mehr oder weniger schnell mulmig wird oder gar Schlimmeres – und die am liebsten den festen Boden nicht verlassen.

Oder Klaustrophobiker, die sich eingesperrt fühlen. Die haben beim Absagen dieses Festes schon als Erstes Seelennöte – denn wer gibt das schon gerne zu? Als Nächstes besteht auch noch das Risiko, dass jemand über Bord geht. Das ist gar nicht so abwegig. Vor allem, wenn manche ihre Kinder mitbringen dürfen. Dann sind die Gäste ununterbrochen damit beschäftigt, aufzupassen wie ein Luchs, dass keiner über die Reling geht – und haben nichts mehr von der Party. Sind die Kinder dagegen nicht geladen, haben die Eltern den ganzen Abend Sorge, da der Babysitter sie zwar erreichen kann, ein Nach-Hause-Kommen aber gar nicht möglich ist.

Der andere Punkt, der Gästen oft die Schiffstour verleidet, ist: Keiner kann einfach gehen, wann er möchte. Und hin und wieder vermutet man, dass mancher Gastgeber genau das ganz toll findet und es geradezu darauf anlegt – und das dann auch noch augenzwinkernd zugibt. Ich habe schon schöne Schiffstouren erlebt – die nur leider nicht wie angekündigt gegen 23 Uhr endeten. Stattdessen kam das Boot erst um 1.30 Uhr zurück an die Anlegestelle. Mitten in der Woche. Mein Tipp: Wenn es schon das Ambiente eines Schiffs sein soll, dann sollte es im Hafen bleiben. Dann kann jeder kommen und gehen, wann er mag.

„Jetzt wollen wir erst mal beten"

Wie halten Sie es mit der Religion? Und mit Tischgebeten bei Geschäftsessen? Ein Handelsblatt-Leser schilderte kürzlich, was ihm mit einem Geistlichen geschehen war, und wollte wissen, ob er etwas falsch gemacht hatte. Der Jurist saß beim Mittagessen während eines Kongresses neben einem hohen kirchlichen Würdenträger. In bester Absicht wünschte er dem Geistlichen „Guten Appetit" und wollte beginnen zu essen. Doch der reagierte völlig unerwartet. Statt den Gruß zu erwidern, wies er den Wunsch seines Tischnachbarn brüsk zurück: „Jetzt wollen wir doch erst einmal dem Herrgott danken." Und sprach ein Tischgebet.

Dem so Angeherrschten war der Appetit vergangen. Er fühlte sich so, als stehe er ganz tief im Fettnapf. Dabei hatte der Jurist nichts falsch gemacht. Bis auf die Nebensächlichkeit, dass man bei offiziellen Essen keinen „Guten Appetit" wünscht. Zum einen darf auch ein hoher Geistlicher andere nicht so maßregeln. Zum anderen ging es um Religionsausübung – und damit um etwas ganz Persönliches, Privates. Hinzu kommt, dass der Geistliche nicht einmal wusste, welcher Konfession der Jurist angehörte. Oder ob er aus der Kirche ausgetreten war.

Tischgebete sind mir von offiziellen Geschäftsessen in den Vereinigten Staaten, aber auch in Jamaica vertraut. Doch in Europa kommen sie kaum vor. Die Benimmregel aber für den Geschäftskontakt lautet: Gib deinem Gegenüber – insbesondere dem Gastgeber – ein gutes Gefühl. Es ist absolut korrekt, wenn Menschen ihr eigenes Tischgebet sprechen. Aber es sollte nicht in eine Demonstration ausarten und schon gar keine Aufforderung an alle darstellen. Jede unsensible Reaktion, gerade bei den Themen Religion und Politik, kann zu einem emotional aufgeladenen Tischgespräch führen. Und das ist ein

Albtraum für jeden Gastgeber und eine Bankrotterklärung für die Idee eines Geschäftsessens zur Kontaktpflege. Deshalb bestimmen die Interessen des Gastgebers den Ton und jeder höfliche Gast wird sich daran halten.

Wie der Jurist am besten aus der Situation herausgekommen wäre? Indem er die Bemerkung des Geistlichen überhört hätte und die Gesprächsvorlage gar nicht erst annimmt. Contenance ist angesagt sowie der elegante Übergang zu einem professionellen Gespräch. Wer dies ohne Unterton oder abwertende Mimik beherrscht, ist auch international ein perfekter Firmenrepräsentant. Und so kann auch ein Gastgeber oder Miteingeladener zur Rettung beitragen – durch Themawechsel.

Geben Sie anderen ein gutes Gefühl

Manchmal muss man all seinen Mut zusammennehmen, um guten Benimm an den Tag zu legen. Etwa als ein Unternehmer seinen 60. Geburtstag auf einem Schloss feierte. Das Büfett und die Deko waren beeindruckend. Dumm nur, dass das Büfett zu schnell abgegrast war, so dass ein Drittel der Gäste noch nichts auf den Tellern hatte und verloren vor leeren Platten herumstand. Doch statt Nachschub bekamen diese nur die Bemerkung eines verlegenen Studentenkellners auf der anderen Seite des Tischs zu hören: „Es ist kein Essen mehr da. Das war‘s wohl.“ Die Reaktion war ehrlich wie spontan, nur leider wenig zielführend. Der Caterer war nicht in Sicht, sondern nur Aushilfen, die nicht wagten, die Organisation in die Hand zu nehmen. Der Gastgeber am Ehrentisch hatte mit dem Essen begonnen, ihm war entgangen, dass das Büfett nicht reichte.

Die Wartenden wussten nicht recht, was tun. Ein Rheinländer machte prompt den Vorschlag, den Pizzaservice zu bestellen – um sich dann aber doch umzubesinnen, ein Herz zu fassen und den Gastgeber zu verständigen. Und allein das war die einzig richtige Art, mit dieser Panne umzugehen: den Gastgeber darin zu unterstützen, dass der Abend noch gelingt. Auch wenn es dem Petzenden erst einmal peinlich war. Aber klar ist: Witzeleien sind in so einem Augenblick absolut fehl am Platze.

Ebenso wenig wie in dem Fall, als vier Besucher einer Anwaltskanzlei in einem Altbau im Aufzug stecken blieben. 20 Zentimeter unter dem Stock, wo sie hin wollten. Der herbeigeeilte Gastgeber amüsierte sich und rief hinab, dies komme öfter vor: immer, wenn der Aufzugtechniker zur Wartung da gewesen sei. Und ein weiterer

Zuschauer wurde so aufgeregt, dass er gar zu Schuldzuweisungen überging, statt zu handeln. Vier Leute seien zu viel für den Aufzug, rief er laut zu den Feststeckenden. Wenig hilfreich und eventuell Klaustrophobie fördernd. Und es stimmte auch nicht, denn im Aufzug hing ein Schild, das genau vier Personen erlaubte. Jedenfalls verstieß er mit seiner verletzenden Spontanreaktion gegen die Grundregel guten Benehmens: „Gib deinem Gegenüber ein gutes Gefühl, erweise angemessenen Respekt."

Auch eine heikle Lage rechtfertigt keine Aussetzer, sondern verlangt Contenance. Und erst recht vom Chef und so lange, bis Hilfe kommt. Denn es gibt einen feinen Unterschied zwischen provokanten Verletzungen und peinlichen, aufgeregten Versprechern. Letztere sind dusselig, aber nicht böse gemeint. Doch gerade die Disziplin, sich einen Kommentar zu sparen, zeichnet den Stilvollen aus.

Die Fehler anderer sind am schönsten

Verona Feldbuschs Grammatikfehler in „Hier werden Sie geholfen" wurde zum Runninggag. Die Telefonauskunft Telegate machte damit Furore. Den Spruch wird die Feldbusch wohl nie mehr los. Doch sie ist die Ausnahme: Sprachliche Pannen – gewollt oder ungewollt – werden nur schwer verziehen. So wie vor Kurzem in Frankfurt, als mehrere hundert Rechtsanwälte das Publikum von Anne Will waren. Die TV-Moderatorin verkündete im feierlichen Rahmen den Advokaten in Smoking beziehungsweise langem Kleid, welche Kanzleien, Teams oder Unternehmens-Rechtsabteilungen dieses Jahr die Oscars ihrer Branche – die Juve-Awards – erhielten. Doch als die TV-Moderatorin zum wiederholten Mal Associates – die Bezeichnung für angestellte Anwälte – falsch aussprach, blieb es nicht mehr bei einzelnen Lachern. Ein deutliches Raunen ging durch den Saal. Von vornehmer Zurückhaltung, die sich Anwälte sonst auf die Fahne schreiben, keine Rede. Endlich jemand, der mit einem Anglizismus auch mal nicht so richtig klarkommt, schienen sie zu frohlocken. Und dazu noch so eine Ikone wie die TV-Moderatorin. „Wunderbar", haben sich etliche wohl gedacht – und waren insgeheim getröstet.

Getoppt wurde die Schadenfreude über den Lapsus der Profisprecherin dann auch noch vom Auftritt eines Geehrten, der sich bei seinen Dankesworten schelmisch gab und – statt Associates korrekt auszusprechen – witzelte: „Ich sag das böse Wort jetzt nicht." Schade auch. Es war sicher gut gemeint, doch die Benimmnote ist „mangelhaft". Hätte er's doch getan. Dann hätte Anne Will gehört, wie das Wort korrekt ausgesprochen wird. So ganz nebenbei hätte sie ein Beispiel für die korrekte Aussprache gehabt und das Thema wäre erledigt gewesen.

Viel charmanter machte es dagegen kürzlich Reinhold Beckmann: Als Dagmar Koller von ihrem Remix erzählte und es eher wie „Reeehmix" aussprach, bestätigte er nur kurz, ohne das Gespräch zu unterbrechen und ohne sie bloßzustellen: „Aah, ein Remix." In ruhigem Ton und nur für aufmerksame Zuschauer registrierbar. So wusste Dagmar Koller Bescheid, wie das Wort korrekt ausgesprochen wurde – und blamierte sich nicht weiter.

Ähnlich vorgeführt fühlt man sich nur von Menschen, die einen binnen Sekunden wieder zum Schüler werden lassen. Sie fragen Sitznachbarn mitten im Gespräch ab, nach irgendwelchen Fakten oder gar Schulwissen. Das ist unangemessen wie unhöflich, da man sich im gesellschaftlichen Rahmen auf Augenhöhe begegnet. Und sich bei der Veranstaltung wohlfühlen soll und nicht ins Kreuzverhör genommen sein will.

Keine Lilien für die Frau vom Chef

Mitarbeiter oder Kunden nach Hause einladen? Für viele ist das ein Albtraum. Trotzdem muss man sich manchmal mit einem Essen revanchieren. Oder weil es auch im Ausland gang und gäbe ist und der amerikanische Geschäftspartner selbst auch den Vertriebschef ins heimische Wohnzimmer eingeladen hatte. Viele Entscheider wollen ihre Nachwuchskräfte samt Partner dieser Situation auch bewusst aussetzen. Um so unauffällig zu checken, wie sie sich auf dem gesellschaftlichen Parkett halten und wie der Partner einzuschätzen ist. Ob er die Karriere unterstützt oder eher nicht. Einem Assistenzarzt, der bei seinem Professor zu Hause eingeladen war, fiel – vor lauter Aufregung – beim Aufstehen vom Tisch der Stuhl um. „Na, wenn Sie so auch operieren, wird's ja heiter", blaffte ihn der Chef an – vor versammelter Mannschaft. Dem Assistenzarzt war es hochnotpeinlich. Der Graben, der sich an diesem Abend auftat, schloss sich nie wieder.

Dass der Gastgeber bei solchen Einladungen selbst kochen muss, ist nicht nötig. Ein guter Caterer tut's auch. Für die Gäste jedoch gelten diese Spielregeln: Blumen zu schenken ist ein Muss – nur bitte nicht selbst mitbringen. Das bringt die Gastgeber nur in Stress: die Suche nach der passenden Vase, die Suche nach einem Ehrenplatz für die Blumen, das Herumpantschen mit Wasser trotz des feinen Dresses. Und das schlimmstenfalls für mehrere Sträuße gleichzeitig – all das muss nicht sein. Kommen Sie ruhig mit leeren Händen, der Gastgeber ist froh darüber. Gute Gäste schicken Blumen am selben Vormittag oder wenigstens am nächsten Tag. Stilvoll ist es, ein Dankeskärtchen – bitte eigenhändig geschrieben und nicht dem Blumenhändler diktiert – hinzuzufügen. Wenn Sie bei den Gastgebern keine Irritationen auslösen wollen, wählen Sie weder rote Rosen noch Lilien – die riechen zu intensiv. Bei Asiaten und Indern sind weiße Blumen tabu, sie gelten als Trauerblumen.

Was einem Gastgeber nur in den eigenen vier Wänden passieren kann: dass man noch in Straßenkleidung den Gästen die Tür öffnet, weil diese zu früh kommen. Sich dann zurückzuziehen, um sich fein zu machen, wirkt drollig. Es bleibt nur eine Möglichkeit: Sie flüchten sich in die Privatgemächer, ohne sich zu zeigen. Gibt es Personal, so muss dies die Gäste empfangen, sie ins Wohnzimmer begleiten, Getränke servieren – und wieder abtreten. Sind Kinder des Hauses da, müssen sie einspringen – sie müssen sich dazusetzen und schon mal Small Talk üben.

Ballsaison: Aufstehen, setzen!

Richard Lugner lässt sich seine Stargäste beim Wiener Opernball etwas kosten. Für die Hotelerbin Paris Hilton zahlte der Ex-Baulöwe schon mal 15000 Euro, damit sie ihn und seine damalige Gattin Christina zu dem Ereignis Mitte Februar im festlichen, langen, goldenen Cavalli-Kleid begleitete. Auch die deutsche Wirtschaft war vertreten: Klaus Kleinfeld von Siemens, Alexander Dibelius von Goldmann Sachs oder Georg Kofler von Premiere waren nur einige. Nicht nur den legendären Wiener Opernball nutzen die Wirtschaftsgrößen, um ihr Unternehmen zu repräsentieren und Kunden oder Geschäftspartner einzuladen – zur Beziehungspflege. Inzwischen ist es wieder angesagt, zu Bällen zu gehen, wie denen der Hochfinanz, der Juristen oder der Ärzte.

Die Kleiderordnung ist strikt: Für Damen reicht kein kleines Schwarzes, es muss das lange Abendkleid sein. Der Erbschmuck der Großmutter darf ausgeführt werden – großer Auftritt. Die Einladung zu einem Ball verpflichtet, den Rahmen angemessen mitzugestalten. Für Herren ist entweder der Smoking (Black Tie), doch häufiger der Frack (White Tie) vorgegeben. Beide dürfen nicht vor 18 Uhr zur Schau gestellt werden. Sie sind reine Abendkleidung. Die Schuhe sind möglichst aus Lackleder mit dünnen Ledersohlen, ohne Muster. Ein Muss ist ein gebügeltes Stofftaschentuch, um es bei Missgeschicken zur Hand zu haben. Wie wichtig Details sind, zeigt dies: Eine Österreicherin fragte mich kürzlich ironisch, ob die Deutschen die Taucheruhr zur Abenduhr geadelt hätten?

Doch weiter im Text: Wer rechts neben einem (Tisch-)Herrn sitzt, ist seine Tischdame. Das bedeutet, dass der Tischherr jedes Mal, wenn die Dame aufsteht oder an den Tisch zurückkommt, sich automatisch erhebt und ihr den Stuhl zurechtrückt. Damit alle gut durchkommen zwischen den Tischen, sollte jeder, der den Tisch verlässt, seinen Stuhl immer sofort wieder zurückschieben.

Achtung: Ausländer sehen die Pflicht, für Damen aufzustehen, oft strenger. So saß ich in Italien mit Geschäftsleuten und Politikern aus Amerika und Deutschland am Tisch. Immer, wenn eine Dame an den Tisch kam, standen alle auf – nicht nur der Tischherr. Nur den Deutschen war die Regel nicht geläufig, sie erhoben sich erst mit Verspätung. Solche Unwissenheit fällt im Ausland negativ auf, was besonders für Unternehmensrepräsentanten ungünstig ist. Und zwar ungünstiger, als wenn sie mit der Landessprache noch nicht so vertraut sind.

Nicht den Oberlehrer geben

Ein befreundeter US-Politiker staunte nicht schlecht über die Begriffe von Höflichkeit bei der Deutschen Lufthansa. Genauer gesagt über das Gouvernantenhafte und den strengen Tonfall einer Flugbegleiterin. Haben Sie schon mal versucht, sich eine Zeitschrift selbst zu nehmen, auch wenn Sie ein Erste-Klasse-Ticket haben? Den US-Politiker forderte die Stewardess höflich auf, bitte Platz zu nehmen, dann würde er dort sofort die Zeitungsauswahl treffen können. Als der Kunde sich trotzdem eine Zeitung nahm, wurde ihr Ton scharf: „Ich habe Ihnen doch gesagt, ich bringe Ihnen die Zeitschriften, sobald Sie sitzen." Ich meine: Die Wünsche der Fluggäste haben Vorfahrt vor dem Flugbegleiter-ABC.

An Vorschriften – diesmal zur Sicherheit – halten sich Flugbegleiter ebenfalls, wenn sie Ihr Handgepäck oder die Laptop-Tasche in den Notausgangsreihen konfiszieren und mal eben 17 Reihen weiter unterbringen. Da, wo Sie nicht verhindern können, dass Ihnen jemand etwas ins Gepäck steckt, was Sie partout da nicht haben wollen. Rauschgift etwa. Oder dass etwas verschwindet. Denn wer packt nicht die wichtigsten Dinge wie Pässe, Bargeld und Kreditkarten dort hinein? Entsprechend beunruhigt ist man. Weil es der Flugbegleiter so verlangen muss. Ultimativ. Eigentlich gibt es nur eins: Die Airlines müssen es schon am Schalter den Betroffenen sagen und im Flugzeug durchsagen.

Viele Menschen hören sich so herrisch an, wenn Sie die Dienstanweisungen exerzieren möchten – auf Teufel komm raus und obwohl sie im Grunde genommen nicht mal unfreundlich sein wollen. Und verderben anderen damit die gute Laune. Taxifahrer sind da auch ganz groß drin. Die erläutern mit Hingabe, dass sich der Fahrgast, der zu einem Stand kommt, sein Taxi aussuchen darf – und nicht verpflichtet ist, das erste zu nehmen. Weil es schon am längsten wartet. Ihr Problem ist es nur, wenn die Taxifahrer Sie wegschicken aus Loyalität zueinander – genau zum ersten hin. Und wer hat schon Lust und Zeit, sich bei der Taxizentrale zu beschweren? Gut ist auch die Situation, wenn Sie zum Beispiel vom Flughafen aus keine große Fahrt mit dem Taxi planen, sondern in die City wollen. Hat der Fahrer zwei Stunden gewartet, ist er darauf nicht gerade scharf, auch wenn es immerhin zehn Euro sind. Mein Tipp: Winken Sie sich für kurze Stadtfahrten Taxis beim „Abflug" heran, wo sie gerade Fluggäste abgeliefert haben. Der Taxifahrer ist froh, keine Leerfahrt zurück in die Stadt zu haben.

Der Höfliche macht das Geschäft

Da muss ich Ihnen aber widersprechen! – mit dieser Floskel beginnen etliche Leute ihre Wortmeldung bei Konferenzen oder gar internationalen Besprechungen und Verhandlungen. Das ist ganz fatal. Dieser Affront kommt im deutschen Sprachgebrauch leider häufiger vor. Und, genauer gesagt, nur im deutschen. Gerade diese Direktheit, die meistens gar nicht unverschämt gemeint ist, schmälert unsere Reputation im Ausland. Anders als deutsche Produkte und Dienstleistungen – die haben weltweit einen sehr guten Ruf – ecken einzelne Firmenrepräsentanten mit ihrem Umgangston oft an. Die Folge: Den Auftrag bekommt ein Mitbewerber, der höflicher ist.

Kontroverse Diskussionen gehören zu Meetings, persönliche Verletzungen jedoch absolut nicht. Anstelle eines „Da muss ich Ihnen aber widersprechen" oder eines „Etwas Recherche ist schon notwendig vor einer Verhandlung" drücken sich Profis diplomatischer aus: „In diesem Zusammenhang habe ich eine ganz andere Erfahrung gemacht" oder „Darf ich um einen Vergleich der Eckdaten bitten." Denn so hat jeder sein Gesicht gewahrt und die Diskussion findet auf angemessenem Niveau statt. Das Problem ist: Oft fokussieren sich Firmenvertreter krampfhaft auf einen Abschluss und vergessen darüber die grundlegendsten Umgangsformen.

Gerade in China ist das ein großer Fehler. Denn es sind Menschen, die Verträge unterzeichnen, und die möchten unbedingt Respekt und Wertschätzung spüren. Der Vertragsabschluss beweist Vertrauen, und in China beginnen häufig erst nach der Unterzeichnung die Detailverhandlungen: Oft unterliegen wir Deutschen dem Irrtum, dass Freundlichkeit Schwäche signalisiert. Das passiert, wenn Höflichkeit mit Servilität verwechselt wird. Aber genau das Gegenteil ist der Fall – erfolgreiche Geschäftsleute bieten Fachkompetenz und Höflichkeit auf gleicher Höhe. Kleidung, Körperhaltung, Small-Talk-Kompetenz, Begrüßung und Begleitung der Gäste sind keineswegs eine unwichtige Knigge-Ecke. Wir arbeiten mit Menschen und nicht mit seelenlosen Apparaten.

Wie viel wichtiger dies in anderen Ländern ist, zeigt dieses Beispiel: Das Japan-Geschäft des Schweizer Liftherstellers Schindler kam aus einem einzigen Grund ins Stocken. Die Manager entschuldigten sich erst mit monatelanger Verspätung öffentlich für einen Unfall mit einem Aufzug, bei dem ein 16-Jähriger ums Leben gekommen war. Zwar mit tiefer Verbeugung – aber eben zu spät.

„Ich habe Ihre Nachricht gar nicht erst abgehört"

Die angestellte Anwältin war fassungslos. Sie war einem älteren Partner auf dem Gang begegnet und sie hatten ein paar Worte wegen eines gemeinsamen Mandanten gewechselt, die dem Mann offensichtlich bereits zu viel waren. Schon im Weggehen fragte sie ihn noch: „Haben Sie kürzlich meine Voice-Mail gehört?" Und zurück kam die schallende Ohrfeige, verbal: „Ach, ich habe gesehen, dass Sie mir aufs Band gesprochen haben. Ich hab's gar nicht erst abgehört." Wie bitte? Und dann kam zur Erklärung: „Es ging doch um den Mandanten. Ich wusste ja, worum es ging." Die Anwältin war fassungslos. Genau das war es nicht gewesen. Auf dem Anrufbeantworter hatte sie dem Partner eine wichtige Nachricht in einem anderen Fall wegen eines anderen Klienten hinterlassen. Und für die war es inzwischen zu spät.

Wie man auf solche Borniertheit reagieren soll? Mit Sätzen wie „Ich bin jetzt irritiert. Ich kann das nicht zuordnen". Oder „Entschuldigung, wie meinen Sie das?" Oder: „Wie soll ich das verstehen? Wie kann ich das professionell einordnen?" Nehmen Sie die Arroganz Ihres Gegenübers nicht an. Schauen Sie ihm fest in die Augen und begeben Sie sich ja nicht selbst auf das Niveau herab. Mit dieser Einstellung steht der Kommunikationsfluss im Unternehmen auf wackligen Beinen. Anrufbeantworter abzuhören und Mails zu lesen – auch wenn man glaubt, durch den Betreff oder die ersten Sätze schon zu wissen, was der andere sagen will – ist unumgänglich. Für Verantwortliche gerade heute allemal. Mit dem vorschnellen Urteil, „man wisse schon ...", liegt man nämlich oft schief. Vielleicht hat sich auch gerade etwas Entscheidendes geändert und deshalb wurde auf den Anrufbeantworter gesprochen. Auch die Haltung „vom Kollegen Wichtelheinz kann einfach nichts Wichtiges kommen“ kann fatal enden. Ganz zu schweigen vom Fall der Fälle, wenn ein Schaden eingetreten ist: Dann nimmt anschließend kein Richter mehr einem Geschäftsführer oder Vorstand sein Unwissen ab. Dann hätte er es eben wissen müssen, basta.

Ganz grandios ist der Manager des Dienstleisters mit Hunderten von Mitarbeitern, der seine Mails fast nie liest. Aus Prinzip. Das teilt er aber weder allen mit, noch schafft er seine Mailadresse ab oder leitet alles auf seine Assistentin um. Nichts von alledem. Er liest sie einfach nicht, und wenn am Ende Kunden wütend sind und Termine platzen, müssen sich eben seine Leute für ihn entschuldigen. Dann kann nur der ranghöchste Mitarbeiter die Folgeprobleme ansprechen und ihm die Lösungen vorschlagen. Denn nur Chefs, die professionelle Disziplin vorleben, können diese auch einfordern.

Von Absagen und Ausladungen

Der Politologe und Professor Jürgen Falter war zum 23. Mal bei Sabine Christiansens Sonntagabend-Talkshow zu Gast gewesen – um dann plötzlich nach einer kritischen Äußerung vor dem 24. Mal ausgeladen zu werden. Der Anlass: Falter hatte in einem Interview gesagt, dass Christiansen-Debatten oft „recht oberflächlich" gewesen und die Gäste „sich permanent ins Wort gefallen" seien. Und dass „die Oberflächlichkeit der Sendung auch mit der Art der Gesprächsführung von Sabine Christiansen zusammenhing, die häufig einen Gedanken abgeschnitten hat, bevor er richtig entwickelt werden konnte". Daraufhin wurde er von dem Produzenten der Sendung, Michael Heiks, ausgeladen – per Fax. Dessen Kommentar: „Vielleicht ist es besser, Sie ersparen sich einen weiteren oberflächlichen Abend mit uns und genießen den Sonntag bei einem guten Buch. Ich empfehle Ihnen persönlich: ‚Professor Untat: Was faul ist hinter den Hochschulkulissen'." Doch spätestens diese Empfehlung ging zu weit. Eine Ausladung ist immer ein Affront. Ich meine aber, ein Produzent eines Quotenrenners wie dieser Sendung hätte souverän über der Kritik stehen können.

Denn: Ausladungen sind tabu. Wenn es nicht gerade massive persönliche Verletzungen gab, ist eine Ausladung immer auch ein Gesichtsverlust für den, der auslädt. Und konkret: Die Empfehlung, lieber ein Buch zu lesen, ging definitiv zu weit, da der Bogen in die Privatsphäre geschlagen wurde. Und die hatte Falter durch seinen Kommentar über die Sendung nicht verletzt. Ein Indikator im professionellen Business heißt: nicht beleidigt zu sein nach dem Motto „Mit dir spiele ich nicht mehr" – das gehört in die Grundschule, aber nicht ins Geschäftsleben. Deutliche Auseinandersetzungen sind in der deutschen Geschäftssprache üblich – zum Leidwesen vieler internationaler Geschäftspartner. Da darf auch ein heftiger Schlagabtausch vorkommen, aber Beleidigtsein ist zu privat und unprofessionell.

Ähnliches gilt daher für Einladungen, die man nicht annehmen will. Weil man vielleicht Groll hat gegen den Einladenden. Es ist gangbar fernzubleiben. Aber eine schlichte Absage muss sein – kein Wort mehr und auch keine Ausrede. Selbst wenn Mitglieder einer Abteilung der Einladung ihres Chefs demonstrativ nicht nachkommen wollen: etwa wenn ihr Vorgesetzter ein Bundesverdienstkreuz erhielt und dies mit einem kleinen Umtrunk feiern will. Gutes Verhalten bedarf der Disziplin.

FÜR CHEFS GELTEN SPEZIELLE SPIELREGELN

„Alle doof – außer ich"

Aus, Sie sitzen plötzlich im Dunkeln. In der Toilette in Ihrem Unternehmen. Da hat ein ganz Schlauer im Vorraum des WCs Licht gesehen – und es kurzerhand ausgeknipst. Wohlmeinend, um Strom zu sparen. Auf die Idee, dass hinter der nächsten Tür und ohne jedes Fenster jemand sein könnte, kommen offenbar etliche nicht. Der Vorfall wiederholt sich immer wieder, berichten Kollegen. So bleibt Ihnen nur übrig, sich vorsichtig herauszutasten – nachdem Sie sich im Dunklen wieder angezogen haben. Der Übeltäter ist längst um die Ecke. Dieser Vorfall zeigt aber vor allem, wie wenig Selbstzweifel viele Mitmenschen plagen. Wie unangefochten – und im Ergebnis rücksichtslos – sie durch die Welt gehen. Die vier kleinen Worte „Ist hier noch jemand?“ hätten gereicht. Der Grundgedanke dahinter ist nämlich – bitte verzeihen Sie den Spruch – „alle doof, außer ich“.

Dabei wäre es so einfach, wenn jeder die Reihenfolge beherzigen würde: erst genau hingucken oder zuerst nachfragen und danach erst handeln oder meckern oder was auch immer. Ein kleines bisschen Vertrauen, dass auch andere Leute sich etwas bei ihrem Tun denken, wäre angemessen. Die Folge wären weniger Missverständnisse und Streitigkeiten. Vor allem im Job gäbe es weniger gebrochene Motivation, weniger innere Kündigungen.

Zu derselben Kategorie – mangelnde Distanz – gehören nämlich auch diese: Vorgesetzte oder Kollegen, die erst brüllen, erst schimp-

fen oder gleich abmahnen, ohne nur einmal nachzufragen, was sich der Mitarbeiter gedacht hat bei seinem – vermeintlichen – Fehlverhalten. So rief ein befreundeter Werber seine Chefin am Vorabend eines Feiertags gegen 21.30 Uhr zu Hause an. Ohne Vorrede wurde sie lautstark: Was er sich einfallen ließe, sie mit einer so unfertigen Arbeit sitzen zu lassen und und und. Fünf lange Minuten lang. Bis auch die Chefin mal Luft holte und er wenigstens die eine Frage loswerden konnte: Wie sie darauf käme, dass er am übernächsten Tag nicht seine Arbeit beenden wolle? Schweigen am anderen Ende der Leitung. Dann: „Wieso, ich denke, du hast Urlaub?“ Nein, falsch, hatte er nicht.

Sie entschuldigte sich zwei Tage später, aber die unnötige Verletzung tat weh. Nicht nur, dass die Chefin sich von ihrer eigenen Nervosität hatte hinreißen lassen. Sie hatte ihm gezeigt, was sie ihm zutraute: verantwortungsloses Handeln ohne Pflichtbewusstsein. Statt einfach erst zu fragen, wie seine Planung aussähe, wo das Projekt jetzt noch nicht fertig sei.

Führungskräfte brauchen Disziplin zu sachlicher Kritik – dann funktioniert‘s auch mit dem Vorbildsein.

„Und was kann ich noch für Sie tun?"

Das Gespräch plätscherte so vor sich hin. Man sprach über das Tagesgeschäft, über Erfahrungen und Ansichten, so ungefähr eine Dreiviertelstunde lang. Der Wirtschaftsführer hatte meinen Bekannten aus dem Rheinland – einen Herrn Mitte 40 – zum Gespräch in seine Firma geladen, „um sich mal kennenzulernen". Weil man ohnehin aus derselben Kaderschmiede kam. Weil er zudem gerade auf Besuch in Hamburg war. Und überhaupt. So jedenfalls hatte es der Eingeladene bis dahin angesehen. Bis zu dem Moment, als ihn der Gastgeber urplötzlich mit der Floskel überraschte: „Und was kann ich noch für Sie tun?" Mein Bekannter war wie vor den Kopf geschlagen. Wie gönnerhaft dieser Satz klang, wie selbstherrlich. Nur weil der Gastgeber auf dem Karrieretreppchen bereits ein wenig höher angekommen war? Ganz wie ein Zaubermeister, der nur noch mal eben sein Zauberstöckchen schwingen braucht und – Simsalabim – den anderen glücklich machen kann bis an sein Lebensende.

Womöglich war diese Floskel gar nicht so gemeint. Jedenfalls verwenden sie viele und häufig. Ohne dass ihnen in den Sinn kommt, auf welches Podest sie sich selbst gerade stellen mit diesem Satz. Es gibt nur eine Antwort, die hierauf richtig pariert. Genauer gesagt, eine Gegenfrage: „Was können Sie denn für mich tun?" Ich wette, wenn Sie die ernsthaft stellen, haben Sie das Blatt in der Hand.

Darauf eine schnelle, intelligente Antwort zu finden ist nämlich nicht einfach. Und sollte der Frager tatsächlich etwas im Hinterkopf gehabt haben – vielleicht ein Abwerbeangebot, das er nur ein wenig unglücklich an den Mann bringen wollte –, so hat er jetzt die Gelegenheit, es auszusprechen. Nur eine wirklich sinnvolle Funktion –

aber nach meiner Erfahrung ist das selten so gemeint – kann dieser hohle Satz haben: wenn ein Gastgeber sich nicht traut, das Gespräch ausdrücklich zu beenden. Wenn er glaubt, sein Gast werde den Hinweis durch die Blume verstehen und selbst aufbrechen. Das allerdings ist nicht nett, dem Gast den Schwarzen Peter zuzuschieben. Ein Gastgeber – zumal im Unternehmensalltag – darf immer darauf verweisen, dass ihm in wenigen Minuten ein anderer Termin ins Haus steht. Dass er noch diese und jene Aufgabe zu erfüllen habe oder selbst nun das Haus verlassen müsse. Alles legitim. Und es ist immer fairer, es offen anzusprechen als Versteckspielchen zu veranstalten. Kein Mensch verlangt, dass er im Detail sagt, was er noch vorhat. Aber einen Anspruch darauf, nicht gönnerhaft behandelt zu werden, den hat jeder Gast. Auch wenn es der eigene Mitarbeiter ist, der im Chefzimmer zu Besuch ist.

Jeder muss irgendwann auch mal Bitte, Bitte sagen

Jeder ist einmal Bittsteller, auch wenn er sonst – etwa als Manager – selten bitten muss. Weil er immer nur Anordnungen erteilt und seine Wünsche erfüllt bekommt. Gründe gibt es genug: Da kann eine Führungsebene wegrationalisiert werden, ein neuer Unternehmenslenker kann kommen, der nur mit neuen Besen kehren will, oder es kann zum Streit kommen, und schwups steht sogar eine Führungskraft ruck, zuck nicht mehr hinter, sondern vor dem Firmentor. Oder: Der Sohn des Topmanagers möchte ein Praktikum in einer Branche, in der der Vater keinen Einfluss hat – und trotzdem soll dieser helfen.

Wie schwer es ist, plötzlich um etwas bitten zu müssen, und wie unangenehm es sich anfühlen kann, erfuhr Sonja Lahnstein, die Frau des Ex-Finanzministers. Und zwar in ihrer Rolle als Spendensammlerin für eine Jugendinitiative, bei der sie „nur mit Glück mal zum Konzernvorstand dringt". Oder dass ihre Briefe fast ohne Resonanz blieben.

So schnell kann die Rolle wechseln. Und wie oft habe ich im Ausland Repräsentanten von Topunternehmen erlebt, die um den Zuschlag zitterten für die Lieferung von Zementanlagen, Lkws oder Computersystemen. Große Architekturbüros und Beratungen habe ich auf den erlösenden Anruf warten sehen – da war es plötzlich vorbei mit dem selbstsicheren Auftritt. Dort, wo alle Expatriates waren, hat man nämlich auch Sorgen und Nöte untereinander mitgeteilt – und geteilt. Und weil jeder auch anständig behandelt werden will, wenn er mal nicht am längeren Hebel sitzt, sollte er sich selbst absolute Disziplin gegenüber Bittenden abverlangen – und keinen sein Gesicht verlieren lassen.

Auch das Handelsblatt erreichte kürzlich ein Brief mit der Absage eines Marktführers für industrielle Verbindungstechnik. Der war bei einer Umfrage über Unternehmensberater angeschrieben worden, die Antworten hätten einen kompetenten Manager zehn Minuten gekostet. Die Absage aber klang wie Hohn und Spott – und arrogant: „Aufgrund der Vielzahl von Umfragen, die unser Haus erreichen, haben wir uns auferlegt, derzeit an keinen Umfragen teilzunehmen. Diese grundsätzliche Entscheidung (Geschäftsleitungsbeschluss) soll auch den nicht unerheblichen Zeitaufwänden Rechnung tragen, die bei valider Beantwortung zum Tragen kommen. Wir wünschen Ihnen trotzdem viel Erfolg.“ Man hätte auch schreiben können: „Wir haben keine Zeit, leider.“ Eine ehrliche Absage zeugt von Respekt.

Auch Vorgesetzte sollten dies immer im Kopf haben: Nie den anderen klein machen. Ohne das Vertrauen ihrer Leute kommen sie selbst langfristig auch nicht weit.

Wenn etwas zum Himmel stinkt

Hätten die Flugbegleiter etwas flexibler und vor allem höflicher agiert, der Fluggesellschaft British Airways wäre eine Menge erspart geblieben: schlechte Presse, Ärger, Kosten und obendrein ein Gerichtsprozess. Weil ein Passagier – es war übrigens ein Rechtsanwalt aus dem Rheinland – übel roch, hatte sich seine Sitznachbarin über den Mann beschwert. Doch statt unkonventionell, höflich und schnell eine Lösung zu finden, die allen Beteiligten gerecht würde, verwehrte die Crew dem Juristen einfach den Rückflug von Hawaii nach Düsseldorf. Man berief sich – weil's am einfachsten und formal zunächst in Ordnung war – auf die Geschäftsbedingungen und ließ den armen Mann zurück.

Eine Situation, wie sie – anders, aber ebenso schicksalhaft – in vielen Unternehmen tagtäglich geschieht. Wenn ein Ratsuchender, ein Kunde oder Geschäftspartner das Gefühl vermittelt bekommt, gegen eine Wattewand von starren Regeln zu reden. Dabei wäre die Situation in Hawaii so einfach zu retten gewesen – und professioneller wäre es allemal gewesen: Ein kurzes Vieraugengespräch zwischen einem Flugbegleiter und dem verschwitzten Passagier, ein Shirt samt Erfrischungsutensilien aus der ersten Klasse, notfalls ein Hemd aus einem Flughafenshop hätten die Situation im Handumdrehen gerettet. Dezent, schnell, ohne PR-Schaden und ohne große Kosten. Und: Wer kann sicher sein, nie selbst in so eine missliche Lage zu geraten? Vielleicht auf die letzte Minute verschwitzt und abgehetzt in einem fremden, tropischen Land gerade noch den Flieger zu erreichen. Mitarbeiter im Unternehmen, die jeden Tag ihren Kollegen Körperausdünstungen zumuten, sind damit nicht zu vergleichen.

Wenn Mitarbeiter in Ausnahmesituationen wenigstens ihrer Firma zuliebe hilfsbereit reagieren, einen Handschlag mehr tun als im Arbeitsvertrag vorgesehen – so wie den schnellen Gang zu einem Flughafenshop, um ein frisches Hemd zu besorgen – und gerade dadurch heikle Situationen entschärfen, ist der Imagegewinn enorm. Ich habe selbst schon erlebt, wie sogar die viel geschmähten Beamten mir aus der Patsche halfen durch unbürokratisches, problemorientiertes Handeln. Als ich innerhalb einer Stunde einen neuen Pass erhielt und die Beamten für mich eine halbe Stunde länger Dienst machten als nötig.

Totschweigen rächt sich – eines Tages

Der IT-Abteilungsleiter konnte seiner Firma nicht verzeihen. Den Tsunami hatte er nur knapp überlebt, verletzt und mit einem schweren Schock. Sie waren zu viert in den Urlaub gestartet und zu dritt wiedergekommen, sein Freund war ertrunken. Doch seine Firma, eine Hotelkette, hatte sehr ungeschickt reagiert: Sie schickten ihm zwar einen Blumenstrauß ans Krankenbett. Doch die Karte hatte eine Sekretärin geschrieben – nicht sein Vorgesetzter oder der Inhaber selbst –, und die war auch noch falsch adressiert gewesen. An ihn und seine Frau, obwohl er gar nicht verheiratet war. Es kam noch besser: Als er zurückkehrte in die Firma, hatte kein Chef ein persönliches Wort des Bedauerns oder der Anteilnahme für ihn übrig. Nicht einer fragte nach, was er erlebt hatte, niemand nahm ihn einfach mal in den Arm. Die Konsequenzen zog er jetzt – zwei Jahre später – und verließ die Firma endgültig.

Dieser Vorfall war für den IT-Profi der Auslöser, sich eine neue Stelle zu suchen. Das hatte genügt. Einfach, weil es Situationen gibt, in denen Mitarbeiter typischerweise besonders empfindlich sind. In denen sie die unpassenden Reaktionen anderer besonders verübeln – jahrelang – und nie vergessen. Sie werden es nie leid, die Geschichte 50-mal in der Kantine, in der Kaffeeküche und im Tennisclub herumzuerzählen. Solche Anlässe sind die menschlichen Momente der Schwäche, etwa wenn jemand gerade seinen Ehepartner, einen Elternteil oder gar sein Kind verloren hat oder wenn er selbst einen Autounfall nur knapp überlebt hat – und die Situation dem Vorgesetzten, dem Unternehmenslenker und dem Personalchef peinlich ist. Weil sie selbst hilflos sind, etwas nicht zeigen wollen, und dann den einfachsten Weg wählen – und so tun, als sei nichts gewesen. Das, obwohl der Betroffene gerade jetzt ganz besonders hohe Erwartungen an die Fürsorge „seiner“ Firma hat.

Die anderen beiden Tsunami-Überlebenden waren nicht enttäuscht worden. Ihnen boten die Chefs ausdrücklich Hilfe und eine Auszeit an. Sie kümmerten sich, statt sich auf offensichtlich wegdelegierte Blumengrüße zu beschränken. Firmen, die eine Unternehmenskultur proklamieren, müssen für solche Krisenfälle Einsatzpläne haben, bei denen jede Führungskraft weiß, was sie wann zu tun hat. Nur so ist sichergestellt, dass gute Leute bei der Gelegenheit nicht innerlich kündigen. Und dass vor allem andere Mitarbeiter, die es miterleben, nicht auf sich schließen, dass man mit ihnen dann auch so umspringt.

An Weihnachten darf der Chef nicht kneifen

Wenn es Unternehmenslenkern wirklich lästig ist, mit den Mitarbeitern Weihnachten zu feiern, dann sollten sie es einfach ganz lassen. Wer es aber eigentlich gerne möchte, der sollte sich vorher überlegen, was er seinen Leuten zumutet. Da erwartet ein Versandhändler aus Hessen, dass seine Mitarbeiter 100 Kilometer zum Veranstaltungsort anreisen – um dann auch noch ihre Übernachtung aus der eigenen Tasche bezahlen zu müssen. Aber nicht etwa für eine Supershow mit einem US-Star, sondern für eine ganz normale Weihnachtsfeier, die ebenso gut am Firmensitz stattfinden könnte. Kein Wunder, wenn der Verdacht aufkommt, dass die Mitarbeiter gar nicht im Fokus stehen.

Die Leute, die nur deshalb zur Weihnachtsfeier mit den Kollegen gehen, um nicht negativ aufzufallen, gab es immer schon. Vorgesetzten geht es ähnlich. Wohl deshalb denken viele auch erst viel zu spät daran. Mit dem Ergebnis, dass die nettesten Lokale vergeben sind und für originelle Ideen keine Zeit mehr bleibt. Dann wird schnell irgendetwas organisiert – und so ist die Feier dann auch.

Andere Unternehmen nehmen gleich kein Blatt vor den Mund und bieten ihren Mitarbeitern an, auf die Teilnahme an der Weihnachtsfeier zu verzichten und sich 20 Euro auszahlen zu lassen. Das klingt nach einem kleinen Geschenk, geht aber am Thema auch vorbei. Weihnachtsfeiern sind genau genommen Jahresabschlussfeiern, denn ein spiritueller Gedanke ist nie erkennbar. Wer das ganze Jahr eine angespannte Stimmung in der Firma hat, Mitarbeiter überfordert, ihnen kaum dankt und als Hauptmanagementinstrument Entlassungen kennt, sollte überlegen, ob eine Feier überhaupt angemessen ist. Das ist nicht nett, aber gradlinig und zu respektieren.

Bei Festen gelten ganz einfache Regeln: Der Gastgeber sollte das Wohlergehen der Gäste im Fokus haben. Jeder Eingeladene muss zur Stimmung beitragen. Auch Gäste haben Pflichten. Der Anspruch auf ein schönes Ambiente und beste Unterhaltung, ohne selber etwas einzubringen, ist unangemessen wie arrogant.

Was bedeutet dies für Unternehmen? Entscheidet sich eine Führungskraft für eine Feierstunde vor dem Jahreswechsel, so spüren die Mitarbeiter diese ernst gemeinte Wertschätzung. Der Chef hat die Pflicht, eine Ansprache zu halten mit einigen ehrlichen Worten der Anerkennung für die geleistete Arbeit und den Wünschen für eine gute Zusammenarbeit im neuen Jahr. Und – ein Fehler, der vielen unterläuft – er darf sich keinesfalls frühzeitig davonstehlen. Weder davonstehlen noch früh.

„Grappa für alle" – fröhliche Weihnachten mit dem Chef

Der Abteilungsleiter des rheinischen Unternehmens war auf der Weihnachtsfeier so richtig gut drauf und hatte schon ordentlich dem Alkohol zugesprochen. Leut- und weinselig lud er in einer Tour immer wieder all seine Mitarbeiter zu einer weiteren Runde Grappa ein – und nötigte sie manch einem gar richtig auf. Auch die letzte Bahn sollten alle ruhig fahren lassen, die Firma übernähme die Taxikosten. Gesagt, getan – bis am nächsten Arbeitstag die Sekretärin

Mensch Müller, erinnern Sie sich noch an die letzte Weihnachtsfeier, als Sie mit Kollegin Rübsam aufs „Du" wechselten und zehn Minuten später wieder zum „Sie"?

ihm die entsprechende Spesenabrechnung zum Abzeichnen vorlegte: „Wer hat denn hier die 60 Grappas getrunken? Wieso Taxikosten für die Heimfahrt?“ Das Ende vom Lied: Jeder Mitarbeiter musste aus der Privatschatulle draufzahlen. Der Chef war derart angesäuselt gewesen, dass er sich an seine vollmundigen Versprechen nicht erinnern konnte.

Dabei ist die Weihnachtsfeier mit der Belegschaft eines der Highlights des Jahres und eine gute Chance, selbst in schlechten Zeiten und in Krisen als Chef Signale zu senden. Und umgekehrt, madig machen innerhalb der Belegschaft gilt nicht. Auch die Mitarbeiter als Gäste haben die Pflicht, gute Gäste zu sein und zum Gelingen des Fests beizutragen. Miesmacher gibt es immer. Zu denen zählen auch diejenigen, die sich nach dem Aufspielen der Band an der Theke festklammern und – unhöflicherweise und typisch deutsch – jeden Tanz verweigern mit dem Hinweis „Ich bin Nichttänzer“. Ich habe so etwas bei noch keinem Franzosen oder Italiener erlebt, und die kämen sich auch lächerlich vor. Jedenfalls der Chef muss aufs Parkett, besonders zur Eröffnung des Tanzens.

Ganz daneben ist es, wenn der Chef der Feier fernbleibt. Warum auch immer. Bei Unternehmern habe ich so einen Fauxpas noch nie erlebt, allenfalls bei angestellten Managern. Apropos Chef: Aus Respekt vor den Mitarbeitern muss er ihnen Anerkennung für die Leistungen übers Jahr aussprechen. Und zwar nicht nur den Günstlingen oder Sympathieträgern, sondern allen – ohne auf die Hierarchie zu achten. Mehr noch: Die Führungskräfte müssen von Tisch zu Tisch gehen, jedem mal ins Gesicht schauen und ein paar nette Worte verlieren. Gespräche über Negatives aus der Firma sind ebenso tabu wie das Ablästern über Kollegen und Vorgesetzte.

Generös ist es, wenn Abteilungsleiter oder Firmeninhaber die Mitarbeiter nach Hause einladen. Mehr Wertschätzung kann man seinen Leuten kaum erweisen. Wem dies passiert, der sollte schon vormittags einen Blumenstrauß – mit Dankeskarte im Namen aller – an die Privatadresse schicken.

Hilfe, bei mir ist heute Land unter!

Mitten im Hamsterrad sitzen und trotzdem immer höflich bleiben, das ist eine Kunst. Wenn etwa unterschiedliche Anrufer – interne, externe Geschäftspartner, Kunden, indirekte Kunden und so weiter –, die durchaus wichtig sind, einen geregelten Arbeitsablauf unmöglich machen. Zum Beispiel: Da kommt ein Anwalt aus einer Besprechung wegen eines Falls. Dabei hat sich ergeben, dass er in der Sache dringend zwei Anrufe erledigen muss. Zu dumm, dass auf seinem Schreibtisch nicht nur eine Rückrufliste mit fünf weiteren Personen liegt und – Feuer frei – die nächsten zwei Anrufer nacheinander bei ihm direkt auflaufen, noch bevor er selbst seine dringenden Anrufe tätigen kann. Das ist schlimmer als der Postkörbchen-Test, weil er die Reihenfolge keineswegs selbst bestimmen kann. Dabei wird es immer verzwickter, die Prioritäten festzulegen. Denn die Termine werden immer enger und der Abstimmungsbedarf immer größer.

Doch weiter mit dem Beispiel des Anwalts: Da hat ein Partner eine eilige Frage wegen eines internationalen Mandanten. Ein Klient will eine rasche Antwort auf eine Rechtsfrage. Ein Staatsanwalt ruft endlich zurück, wobei es um ein wichtiges Anliegen eines anderen Mandanten geht. Zudem hat die Pressestelle eine tagesaktuelle Journalistenanfrage für ihn auf dem Tisch, supereilig. Zu guter Letzt will ein Bewerber noch eine Auskunft, bevor er seinen Arbeitsvertrag unterschreibt. Alles auf einmal. Normal. Doch es wird noch ärger: Man ist in einem Telefonat und sieht auf dem Display einen brisanten Anrufer aufblinken. Einen, der megawichtig ist. Und der heute auch nicht zurückgerufen werden kann, warum auch immer.

Wenn Sie jetzt Ihren Gesprächspartner höflich um Verständnis bitten für eine kurze Unterbrechung, erkennen Sie immer zwei Typen: Die einen kapieren blitzschnell, sind uneitel und werfen ihrerseits den Hörer auf die Gabel mit den Worten „Alles klar, bis gleich". Die sind ein Segen.

Die andere Sorte ist fatal: Für Sie geht es um Bruchteile von Sekunden, in denen Sie den anderen Anruf per Knopfdruck noch schnell erhaschen können – aber der andere redet munter weiter „Ach, ich muss auch aufhören" und holt aus, um so lange zu sprechen, bis Sie den Anrufer nicht mehr erwischen. Eine Lösung mit Stil gibt es nicht. Und die beste Reaktion ist, die Überlastung ehrlich zuzugeben und um Verständnis zu bitten: „Sorry, bei mir ist heute Land unter." Bei solch einem verdichteten Arbeitsalltag geht es nicht anders, als unhöflich zu sein. Unfreiwillig und nur vorübergehend.

„Und wie viel hat der Schellfisch gekostet?"

Ärgern Sie sich auch manchmal über Mitreisende im Zug, die viel zu laut und ungeniert sprechen? Und leider nicht mal über etwas Interessantes oder Unterhaltsames, sondern ausschließlich über belangloses, langweiliges Zeug? Und das, ohne zu merken, wie sehr sie damit die anderen stören? Gerade das Zugabteil verwechseln manche mit einem mobilen Büro und ignorieren andere Reisende.

Neulich erlebte ich diese Szene in einem Hotel-Restaurant: Eine Frau redete auf ihre Begleiterin lautstark und in einer Tour ein. Sie sprach etwa von einem Restaurant, bei dem sie Schellfisch gegessen hatte. Nach zehn Minuten stand einer der Herren an den umliegenden Tischen auf und sagte laut: „Guten Tag! Verzeihung, wie viel hat der Schellfisch gekostet?" Den Preis hatte sie nicht erwähnt. Die anderen Restaurantbesucher kicherten, die Frau hielt kurz inne. Das hatte gewirkt. Jedenfalls nach drei Minuten – denn so direkt wollte sie wohl nicht nachgeben. Aber dann mäßigte sie ihre Stimme und alle hatten ihre Ruhe. Mit nur einem, zwar höflich formulierten, ironischen Satz hatte er ihr den Spiegel vorgehalten. Eigentlich hätte er diskret vorgehen müssen, damit sie ihr Gesicht wahren konnte. Wer sich nicht auf den Präsentierteller stellen und zum Robin Hood der Entnervten machen will, kann den Störenfried etwa mit diesen Worten ansprechen: „Entschuldigung, ich muss nun schon eine Weile Ihre privaten Informationen anhören und es stört mich sehr." Die Ich-Botschaft ist der Schlüssel zur Lösung.

Ganz daneben gehen dagegen Versuche, laute Menschen zu stoppen, wenn man ihnen die Möglichkeit gibt, in die Offensive zu gehen. Also etwa indem man sie bewertet mit einem Satz wie: „Merken Sie nicht, wie rücksichtslos Sie sind?" Zumal Bewertungen ohnehin nicht in die Öffentlichkeit gehören, sondern stets in das Gespräch unter vier Augen. In Restaurants gibt es im Übrigen immer noch die elegante Lösung, den Geschäftsführer zu bitten, laute Gäste zu drosseln – das ist sein Job. Er hat im Zweifelsfall sogar das Hausrecht und kann allzu üble Störenfriede rauswerfen.

Wer nämlich zur Selbsthilfe greift und in die Offensive geht, riskiert nur einen Knall. Ich habe mal erlebt, wie ein Chef eines großen Steuerberaterbüros im Café so laut redete, dass er eine Frau zwei Tische weiter so richtig auf die Palme brachte. Die Dame forderte ihn auf, leiser zu sein, und gab zu erkennen, wie empört sie war. Doch sie hatte keine Chance. Denn der Mann pampte zurück, blieb unbeeindruckt und wurde nur noch lauter. Schon aus Frackigkeit.

Ein Witz – und der Professor muss zur Strafe nach Hause

Sie haben Geschäftskontakt zu Amerikanern? Dann vergessen Sie vorsichtshalber erst mal alles, was in Ihrem Kopf über Amerikaner herumgeistert – dass sie so locker sind zum Beispiel. Reißen Sie lieber nie vor Amerikanern einen zweideutigen Witz und machen Sie auch nie irgendeinen flotten Spruch mit einer sexistischen Anspielung. Dabei spreche ich jetzt nicht von Antidiskriminierungsvorschriften. Jene, weshalb US-Manager Aufzüge gar nicht erst betreten, wenn nur eine einzelne Dame darin ist. Weil ihnen zu schnell ein Strick daraus gedreht werden könnte, wenn diese Dame aus heiterem Himmel behauptet, er habe sich ihr gegenüber einen sexuellen Übergriff geleistet. Seine Karriere könnte mit einem Streich dahin sein.

So erlebte ich bei der Eröffnung einer Baselitz-Ausstellung im Hirschhornmuseum in Washington bei einem offiziellen Essen, wie ein Amerikaner zwei Herren aus der Entourage von Georg Baselitz fragte, was es mit dem deutschen Karneval auf sich habe. Ob er so ähnlich sei wie Halloween. Unverblümt antwortete einer der beiden Deutschen, was mir den Atem stocken ließ: „Im Karneval laufen alle halbnackt durch die Straßen und sind auf der Suche nach sexuellen Abenteuern." Und das vor Amerikanern, bei denen noch heute die Magazine wie „Playboy" oder „Hustler" nur verborgen hinter grauem Pappkarton in den Läden liegen. Ich outete mich als Rheinländerin, hatte aber Mühe, meine Wut zu zügeln, und sagte: „Diese Erfahrung habe ich nie gemacht. Ich sehe im Karneval nur lustige und schunkelnde Menschen auf den Straßen." Mit seiner Äußerung verstieß der Herr auch gegen zwei weitere Spielregeln: Gäste müssen jede Form der Provokation vermeiden, ganz besonders in einem fremden

Kulturkreis. Und dass man seinem Gesprächspartner immer ein gutes Gefühl geben muss und nur Vorlagen bietet, auf die er entspannt reagieren kann. Witze mit Sexbezug gehen mit Amerikanern nicht nur in den USA, sondern auch hier gar nicht.

So hatte eine Universität im Rheinland einen Austausch mit einer US-Universität vereinbart. Die US-Studenten wurden von einem Professor begleitet. Abends gingen die deutschen und amerikanischen Studenten mit einigen Professoren aus und der US-Wissenschaftler riss Witze, die den Deutschen nicht im Ansatz unangemessen vorkamen. Doch womit niemand rechnete: Eine der Studentinnen telefonierte am selben Abend mit ihren Eltern in den USA, berichtete von seinen Witzchen – und schon am nächsten Tag wurde der Professor von seiner Uni zurückgerufen und zwei andere Professoren wurden eingeflogen.

Sieht Ihr Chef aus wie Columbo?

Kennen Sie auch den Kollegen oder gar den Vorgesetzten, der die Chuzpe – oder Unbedarftheit – hat, im arg farbenfrohen Jackett zum Kundentermin zu marschieren? Weil doch gegen ein wenig Farbe kaum etwas einzuwenden sei. Und weil es doch sowieso nur auf sein Können ankommt. Meint er. Dumm nur, dass der optische Eindruck durchaus das Können noch so guter Experten überlagern kann. Diese Sorge plagt zum Beispiel einen Handelsblatt-Leser, der für eine Fonds-Gesellschaft arbeitet: Sein Chef sei fachlich exzellent, doch bei einem Fernsehauftritt ähnele er eher einem drittklassigen Privatdetektiv. Und was er tun könne, wollte er wissen. Vor allem wenn sich Kunden oder andere mokieren, ist es höchste Zeit, den Betroffenen zu warnen und ihm – mit aller Vorsicht und Takt – den Spiegel vorzuhalten.

Unter vier Augen und vorausschickend, dass es in wohlmeinender Absicht geschieht. Nur, wer soll es machen? Ich tendiere zu dem dienstältesten Mitarbeiter oder, falls es mal nicht die optimale Lösung ist, demjenigen, der am meisten Vertrauen genießt.

Herrscht in der Firma ein kommunikativer Arbeitsstil, darf es auch ein wohlmeinender Kollege oder Mitarbeiter wagen. Wichtig ist, zu Gesprächsbeginn dem Betroffenen klarzumachen: „Ich bin immer wieder von Ihrer Arbeit und Ihren Fähigkeiten beeindruckt. Weil ich mit Ihnen und unserem Unternehmen verbunden bin, möchte ich ehrlich sein und mein Gefühl zum Ausdruck bringen, dass Sie Ihr Wissen mit etwas konservativerer Kleidung auch optisch perfekter unterstreichen. Ich möchte Sie darauf aufmerksam machen, weil ich Sie seit Jahren schätze."

Ich gebe zu, dass so ein Unterfangen nicht risikolos ist und die Worte gut gewählt sein müssen. Auf dem politischen Parkett erlebte ich einmal, wie so ein gut gemeinter Rat eine fatale Wirkung hatte. Ein persönlicher Referent eines Ministers hatte seinen Chef darauf hingewiesen, dass er gerade bei TV-Auftritten besser Kniestrümpfe tragen sollte – statt kurzer Socken, die seine behaarten Waden entblößten. Der arme Mann musste seinen Hut nehmen. Allein wegen dieses gut gemeinten Vorstoßes. Er wurde schlicht missverstanden.

Nur im letzten Notfall aber sollte ein Mitarbeiter eine Hierarchiestufe überspringen und sich gleich an den Vorgesetzten des Betroffenen wenden. Denn dieser muss einfach reagieren, sich des Problems annehmen und es lösen.

Die Panik vor dem Flug oder Todesängste mit dem Chef

Der Marketingleiter des Münchener Mittelständlers hatte schon fast Albträume, wenn er wieder mit seinem Chef zusammen Termine wahrnehmen sollte. Der Senior war Hobbypilot und hatte ein Privatflugzeug. Und in dem sollten seine Mitarbeiter – nicht zuletzt auch aus Gründen der Sparsamkeit – mitfliegen, wenn etwa ein Termin in Hannover oder Köln anstand. Doch der Marketingprofi und auch so mancher anderer seiner Kollegen standen jedes Mal Todesängste in der Luft aus, denn um die Gesundheit des Seniors steht es nicht zum Besten. Aber einfach sagen, dass man lieber sein Auto nähme, das ging so einfach nicht bei so einem Firmenpatriarchen.

Ähnliches erleiden Mitarbeiter, die in irgendwelche schnellen Sportwagen stolzer Chefs mit allzu schnittigem Fahrstil einsteigen sollen – auf dem Weg zum Kundentermin etwa. Sie kommen nass geschwitzt an, steigen mit zitternden Beinen aus dem Wagen neben einem gut gelaunten Vorgesetzten, der sich im Zweifelsfall noch witzige Bemerkungen über sie erlaubt.

Muss man sich darauf einlassen? Sind Hasardeur-Trips im Gehalt inbegriffen? Ein ganz klares „Nein“ ist die Antwort. Höflichkeit ist nötig, Respekt vor dem Boss allemal – aber beides muss nie dazu führen, sich auf gefährliche Situationen einzulassen. Auch wenn es noch so ungünstig für die Karriere ist. Wer in Privatflugzeuge steigen soll trotz Flugangst, kann parieren: „Ich fliege grundsätzlich nicht mit kleinen Flugzeugen, sie machen mir Angst. Ich bitte um Verständnis.“ Um gleichzeitig klarzustellen: „Ich werde pünktlich losfahren und zeitig am Besprechungsort sein.“ Auch der Sportwagenfahrer muss so eine Absage akzeptieren: „In einem Porsche zu fahren ist sicher der Traum vieler Leute, danke für das Angebot. Aber ich vertrage keine hohen Geschwindigkeiten, mir wird übel, ich muss darauf verzichten."

Dasselbe gilt für andere Zwickmühlen, in die die Mitarbeiter geraten. Etwa bei Einladungen ins Restaurant, wenn es dem Angestellten absolut nicht schmeckt. Dann sollte man nur ein Fünftel der Mahlzeit langsam essen und kommentarlos den Rest stehen lassen. Oft führt die eigene Peinlichkeit, das zu erklären, nur dazu, dass andere erst darauf aufmerksam werden. Sollte jemand fragen, kann man erklären, dass man mittags oder abends keinen großen Appetit hat. Die ehrliche Antwort führt womöglich dazu, dass der Gastgeber mit dem Kellner diskutiert – was der Stimmung abträglich ist. Ist der Chef zu allem Unglück selbst der Koch, müssen zwei Drittel aufgegessen werden oder im Notfall eine Allergie herhalten – die ist ein Blankoscheck.

Wenn Vorgesetzte scherzen

Es gibt Momente, in denen ein Scherz das Letzte ist, was man hören möchte. Diese Situation, in welche die Personalerin eines Autoproduzenten geriet, war so eine. Sie hatte damit gerechnet, dass sie befördert werde. Doch in der Teeküche erfuhr sie, dass ihre Vorgesetzten einem Kollegen einer anderen Abteilung genau den Posten, den sie gerne bekommen hätte, versprochen hatten. Dabei hatte sie fest damit gerechnet, selbst dorthin befördert zu werden.

Schließlich hatten ihre Chefs ihr dies monatelang immer wieder in Aussicht gestellt. Um Klarheit zu bekommen, erbat sie deshalb ein Gespräch mit ihrem Chef. Und der eröffnete ihr: „Für diese Führungsaufgabe finden wir Herrn Meier passender. Und Sie füllen ihren Posten doch so perfekt aus – da würden wir doch gar keine adäquate Nachfolgerin finden." Das saß. Erst die Enttäuschung und obendrein ein – versuchter – Witz auf ihre Kosten.

Womöglich war der Mann nur verlegen und ihm fiel nichts Besseres ein. Oder er wollte nicht mit der Wahrheit herausrücken. Doch dieser Joke war der sprichwörtliche Spott, für den die Geschädigte nicht mehr sorgen musste. Schlicht daneben. Die Mitarbeiterin war gekränkt und ihr rutschte vor Wut der Satz heraus: „Ich hatte fest mit der Beförderung gerechnet. Ich habe jahrelang bewiesen, dass ich erfolgreich arbeiten kann und auch Führungsaufgaben meistere." Unter Behave-Gesichtspunkten war das ungeschickt. Wer beleidigt ist, sollte dies im Job nicht zeigen. Erst recht nicht, wenn man zurückgesetzt oder diskriminiert wird oder sich zumindest so fühlt. Besser wäre gewesen, sie hätte konkret gefragt, was ihrer Beförderung im Wege steht. Und herauszubekommen, was sie ihrerseits noch für ihre Karriere tun könne. Und sich notfalls sofort umzuorientieren und eine neue Firma zu suchen. Bei der man auch Frauen zutraut, Führungsverantwortung zu tragen.

So berichtete auch eine Anlageberaterin aus dem Private Banking Ihrer Chefin von ihrer Schwangerschaft und dass sie nach sechs Monaten wieder arbeiten wolle. Die reagierte nur enttäuscht: „Ich bin überrascht. Ich habe Sie ehrgeiziger eingestuft. Na, dann formulieren Sie schon mal die Ausschreibung Ihrer Stelle", und beendete das Gespräch. Die Beraterin war tief getroffen und erzählte es den Kollegen. Besser wäre, stoisch zu bleiben „Eigentlich komme ich so früh, um mit Ihnen zu besprechen, wie meine Abwesenheit überbrückt werden kann." Ganz sachlich bleiben – und professionell.

TYPISCHE JOB-SITUATIONEN

„Und mit wem habe ich jetzt die Ehre?"

Eigentlich ist beides ganz einfach. Aber kaum ist es so weit, sind bei vielen die einfachsten Grundregeln wie weggepustet und es kommt zum Gau: Da schweigen sich erwachsene Menschen betreten an, ganze Runden sitzen da und ringen nach Worten, andere stehen dicht beieinander und tun so, als sähen sie sich nicht einmal. Eine ähnliche Erfahrung machte eine junge Frau, die eine Führungsposition bei einem Medienunternehmen bekleidet, bei einem festlichen Dinner. Sie, die einzige Dame an einem Tisch mit sieben Herren, kam pünktlich auf die Minute. Alle anderen waren vorzeitig da gewesen und saßen bereits. Der einzige Herr, der nicht nur sofort aufstand, sondern auch gleich um den ganzen Tisch zu ihr herumkam, sich ihr vorstellte und einen schönen Abend wünschte, war kein Geringerer als Siemens-Aufsichtsratschef Heinrich von Pierer.

Geradezu irrwitzig war auch der Auftritt eines Firmenrepräsentanten, der neue Chef der Pressestelle, bei einem Festessen mit 100 Gästen, zu dem sein Arbeitgeber geladen hatte. Mit freundlichem Gesicht trat er an die Dame heran, mit der er schon telefoniert hatte und die er eigens an seinem Tisch platziert hatte. Er schüttelte ihr die Hand, begrüßte sie freundlich und guckte erwartungsvoll – und wunderte sich, dass sie ihn so fragend ansah. Bis sie unumwunden fragte, mit wem sie die Ehre habe. Denn seinen Namen und die Firma hatte der Herr nicht genannt. Ihm war einfach nicht aufgefallen, dass die Dame ihn gar nicht erkennen konnte. Denn sein erster Fehler war es ja gewesen, sich nicht gleich am Eingang zu postieren und jeden Gast zu begrüßen.

Dabei ist es so einfach: Man braucht nur seinen Vor- und Nachnamen zu nennen. Ohne jeden akademischen Grad oder Titel. Anders, als wenn man selbst einen Dritten vorstellt, also zwei Menschen miteinander bekannt macht: Dabei wird sehr wohl der Titel erwähnt.

Doch bei den Namen alleine darf es nicht bleiben: Damit die beiden Vorgestellten auch einen Anknüpfungspunkt fürs Gespräch haben, ist es unabdingbar, eine kurze Erklärung zu liefern: was die beiden machen, welche Position in welcher Firma sie haben. Am besten ist es, man kennt ein Thema, das die zwei verbinden könnte. Das Ganze soll, bitteschön, professionell wie charmant wirken, sodass ein Lächeln und ein kurzer Blickkontakt sein müssen. Sich nicht vorzustellen ist unhöflich und ein großer Fehler in puncto Netzwerkpflege. Im internationalen Geschäft ist gerade diese unelegante Art ein Nachteil für deutsche Geschäftsleute im Vergleich – selbst wenn unsere Produkte immer noch besonders geschätzt werden.

Der eigene Job am Schwarzen Brett

Sobald es beschlossene Sache ist, muss die Nachricht raus – wenigstens betriebsintern. Jede Minute kann jetzt entscheidend sein. Personalien verbreiten sich wie Lauffeuer. Kündigt eine Firma jemandem, muss der Abteilungsleiter es gleich allen Kollegen derselben Abteilung sagen. Klappt es nicht, weil manche Kollegen unterwegs oder krank sind, muss er zusätzlich mailen.

Sicher braucht das Unternehmen nicht im Detail darzulegen, was dahintersteckt. Aber ein griffiges Argument ist unverzichtbar – als offizielle Sprachregelung. Und ist der direkte Vorgesetzte gerade nicht da, muss der nächst höhere Manager einspringen und die Truppe informieren. Sonst kann es Imageschäden für die Firma geben. Denn: Kneift der Vorgesetzte und schweigt, erfahren es manche Kollegen erst einmal nicht. Sie geben daher unverdrossen Namen und Telefonnummer des Geschassten weiter an Kunden oder Geschäftspartner, die diesen zu erreichen versuchen. Wen die dann ans Telefon bekommen und was ihnen gesagt wird, kann wirklich peinlich werden. Unabsichtlich. Oder: Ein Kollege bittet den Gekündigten um Zusammenarbeit – und derjenige kommt in die missliche Lage, erklären zu müssen, dass er nicht mehr darf.

Ebenso schädlich ist es, wenn schon der Betriebsrat und die Gerüchteküche genau wissen, wer als Nächstes gekündigt wird – nur der Chef warnt den Betroffenen nicht selbst. So einen würdelosen Umgang hat keiner verdient – und steht auch keinem Chef gut zu Gesicht.

Wie schief es gehen kann, erlebten die Mitarbeiter eines namhaften Markenartiklers: Ein Abteilungsleiter kam aus dem Urlaub zurück und fand in der Teeküche am Schwarzen Brett eine Stellenausschreibung – und zwar für seinen eigenen Job. Die Folgen: nicht nur, dass ein Mensch gekränkt wird, der seinem Arbeitgeber jahrelang brav gedient hat, sondern auch alle Kollegen bekamen es mit. Und ziehen Schlüsse für die eigene Zukunft. Binnen Tagen sprach sich diese Konfrontation in der ganzen Branche herum, die Firma gilt als Hire-and-fire-Laden. Zu dem man als Arbeitnehmer nur mit wasserdichtem Vertrag und gehörigem Schmerzensgeldzuschlag gehen sollte.

Oder: Wie steht die Bankerin da, der ein Kunde erzählt, welch schlechte Presse ihr Haus gerade bekommen hat. Wegen eines Fonds, den auch sie ihm verkaufte und bei dem die Bank eine unrühmliche Rolle spielt? Die Topmanager werden informiert von der Pressestelle. Aber was ist mit den Bankern am Schalter, der Schnittstelle zum Kunden? Das kann keine teure Image-Werbekampagne wiedergutmachen.

Links und rechts ein leerer Stuhl

Die Sitzordnung lügt nicht. Im Gegenteil, sie entlarvt. Wenn etwa nur wenige Plätze da sind und trotzdem die Stühle neben den Kollegen frei bleiben, die nicht den Beliebtheitspreis der Firma gewinnen würden.

Ähnlich war es bei der firmeninternen Tagung eines Münchener Konzerns, bei dem die Plätze rechts und links ausgerechnet neben dem Kollegen frei blieben, der gegen seine Abmahnung geklagt und gewonnen hatte. Die Kollegen hatten jetzt plötzlich Berührungsängste und wollten lieber gar nicht erst mit dem Kläger in Zusammenhang gebracht werden.

Ganz so, als würde sein Konflikt mit der Firma auf sie abfärben, quasi ansteckend sein. Dabei: So ein Stigmatisieren ist feige wie unprofessionell. Job ist Job und dazu gehört, mit den Kollegen kollegial umzugehen. Keiner muss sie lieben, aber ohnehin umstrittene Menschen ohne Not noch mehr zu isolieren, das muss nicht sein. Eine kompetente Führungskraft ist daran zu erkennen, dass sie ihre Hauptaufgabe – integrieren statt spalten – auch in solch kritischen Situationen nicht nur anderen predigt, sondern vor allem vorlebt. Dass sie die Lage auch im Trubel erkennt und für den Rest der Belegschaft Signale setzt. Indem sie sich demonstrativ neben den schwierigen Fall setzt.

Die leeren Stühle rund um ihn herum entlarvten auch einen Vorgesetzten in der Möbelindustrie, der sich über Jahre den Ruf als penibler Controller erarbeitet hatte – als wenig eloquenter, unnahbarer und autoritärer Mann. Er bekam seine Quittung auf der Weihnachtsfeier. Deutlich sichtbar für jeden. Alle aßen an Sechsertischen, nur er war überzählig und musste sich ganz allein an einen Tisch setzen. Und alleine blieb er auch, den ganzen, quälenden Abend lang. Nicht einmal einer der anderen Hierarchen erbarmte sich des unfreiwilligen Singles und leistete ihm Gesellschaft.

Mein Tipp in solchen Situationen ist: Winken Sie den Isolierten heran und fordern Sie die Kollegen auf zusammenzurücken. Zuerst sind die Führungskräfte an der Reihe, erst in zweiter Linie die Mitarbeiter – etwa wenn keiner der anwesenden Chefs reagiert.

Und wie albern Berührungsängste sind, wird im Kino oder bei Vorträgen klar: Wenn mitten in der Reihe einzelne Plätze frei sind, aber andere Besucher hilflos am Rand stehen. Die Sitzenden rühren sich nämlich immer erst dann, wenn das Personal laut wird und Einzelne auffordert, doch bitte aufzurücken. Dabei kann das doch gleich geschehen – und ohne dem Nachbarn das Gefühl zu vermitteln, dass er ausgestoßen ist.

Auch Sponsoren suchen ein wenig Rampenlicht

Wer sponsert, darf nicht übergangen werden am Festabend, sondern hat Anspruch auf Ehrerbietung. Klar, denken Sie? So denkt offenbar nicht jeder. So erlebte ich vor Kurzem bei einer Benefizveranstaltung zugunsten einer Kinderklinik, dass die Firmen aus der Umgebung sich großzügig zeigten und attraktive Preise für die Tombola spendeten: zwei Schmuckstücke, eins im Wert von 2000 Euro und das andere sogar von 6000 Euro. Eine junge, kleine Anlageberatung namens Wagner & Florack spendete einen Gutschein für 750 Euro für einen Fonds, den der Gewinner aussuchen sollte. Beachtlich für ein junges Unternehmen, wie ich finde. Trotzdem widerfuhr den Sponsoren Unangemessenes: Die Veranstalter erwähnten sie nur kurz. So, als seien solche Spenden selbstverständlich. Entsprechend fielen die Bemerkungen der Sponsoren an den Tischen aus: „Das war das letzte Mal", ärgerten sie sich laut. Beachtung fand dagegen nur – insbesondere bei den Fotografen der Lokalzeitung – eine Sparkasse, die einen übergroßen Scheck mit 1000 Euro überreichte. Der Repräsentant der Bank war denn auch der einzige Sponsor, der eine Rede halten durfte, obwohl von ihm beileibe nicht die höchste Summe kam. Dem plakativen wie fotogenen Scheck sei Dank.

Würde jede Sachspende so intensiv geregelt wie ein Sponsoring eines Fußballvereins, käme wohl kein Unternehmen dabei zu kurz. Doch gerade weil diese Geschenke so formlos und ohne geregelte Gegenleistung erfolgen, verdienen diese Sponsoren besondere Achtung. Die Gäste sollen die Sponsoren immer als solche wahrnehmen können. Am besten unübersehbar auf einer Sponsorenliste samt Logo am Ausgabestand der Tombola: „Wir danken unseren Spendern."

Eine Sponsorenliste auf der Homepage im Internet genügt da keinesfalls – und lockt sicher auch keine Unternehmen an, im nächsten Jahr dabei sein zu wollen.

Was auch nicht passieren darf, ist das, was sich eine Schule im Rheinland diesen Sommer leistete. Sie druckte zwar die Sponsoren auf der Rückseite des Programms ab, doch haperte es am Dankschreiben. Die Direktorin beging den Fauxpas, den Firmen einen kopierten Dankesbrief zu schicken, ohne jeden handschriftlichen Zusatz, ohne eine handschriftliche persönliche Anrede und ohne eigenhändige Unterschrift. Die Reaktion eines Firmenvertreters: „Das war unsere letzte Spende, wenn wir denen nicht mal einen normalen Brief wert sind."

Die größte Konfrontation leistete sich gar ein Kabarettist, der vor mehreren Hundert Gästen bei einem Festival auftrat. Die Veranstaltung wurde erst möglich durch das Sponsorenengagement eines Immobilienunternehmens und der Kabarettist bekam sein normales Honorar. Die Gegenleistung: In den ersten beiden Reihen sollten Gäste des Sponsors sitzen dürfen. Doch das durchkreuzte der Kabarettist – der die ganze Zeit selbst ein werbewirksames T-Shirt mit der Adresse seiner Homepage trug – im letzten Augenblick und benahm sich wie die Axt im Walde. Wenige Minuten vor dem Beginn der Vorstellung, als der Festsaal sich schon füllte, nötigte er den Sponsor: Entweder er trete nicht auf oder das zahlende Publikum dürfe in die ersten zwei – eigentlich reservierten – Reihen aufrücken. Die peinliche Lage, in die der Kabarettist den Sponsor gegenüber dessen Gästen brachte, störte ihn nicht. Wo diese geladenen Ehrengäste sitzen sollten, war ihm egal. Jedenfalls nicht in den ersten Reihen.

Der Sponsor musste nolens volens gute Miene zum bösen Spiel machen, allein schon wegen des Zeitdrucks – und seine Gäste an den Rand lotsen, unter wortreichen Entschuldigungen. Es folgte ein Durch-den-Kakao-Ziehen des Kabarettisten aller Sponsoren, selbst der unschuldigsten Handwerksbetriebe. Doch als es aufs Ende zuging, setzte er dem Ganzen die Krone auf und verabschiedete sich ausdrücklich an seinen Verkaufsstand mit seinen handsignierten CDs. Seine eigene Werbung fand er gut – nur die für die Sponsoren nicht.

Wir sind beleidigt und zeigen es auch

Mehr kann sich ein Unternehmen eigentlich nicht die Blöße geben: Da kündigte kürzlich die Deutschland-Chefin eines Dienstleisters, um im neuen Jahr bei der Konkurrenz anzufangen. Prompt wurde die Dame freigestellt. Das kommunizierte der Dienstleister freilich nicht und ich hatte auch nicht unbedingt damit gerechnet. Damit nicht genug, der verlassene Arbeitgeber sperrte auch flugs ihr Mail-Account. Sodass nun jeder Kunde – auch ich – die Meldung erhält: Die Mail an die Dame sei „unzustellbar“. Das war‘s – Sackgasse. Die Nachricht wird weder weitergeleitet an ein hilfsbereites Sekretariat, noch gibt es eine Abwesenheitsmeldung, die den Absender aufklären und ihm vor allem weiterhelfen könnte.

Wirft das ein gutes Licht auf eine Firma? Wohl kaum, ist doch nun gleich Zweierlei gut erkennbar für jeden Externen: Erstens wirkt es schlicht unorganisiert und unprofessionell. Zweitens zeigt es – auch ohne Worte –, wie beleidigt man in diesem Unternehmen über den Abgang der Ex-Chefin ist. Ebenfalls unprofessionell. Solche Fälle sollten stattdessen in jedem Unternehmen geregelt sein, emotionsfrei und als Automatismus.

Doch gerade diese Schnittstellen zu den Kunden scheinen viele zu vergessen. Auch so etwas gibt es: dass eine Mitarbeiterin einer Personalabteilung in einer größeren Firma bereits ein halbes Jahr das Unternehmen verlassen hat, ihr Anrufbeantworter aber treu und brav die ganze Zeit über alle Nachrichten für die Dame aufnimmt – aber leider gar niemand sie abhört. Und die externen und internen Anrufer auf ihren Rückruf warten können, bis sie schwarz werden.

Die Krönung ist, wenn ein Kundenbetreuer einer Großbank in Urlaub geht und alle seine Kunden, die ihm mailen, nur die Antwort bekommen: Ich bin in Urlaub. Und niemand sieht diese Mail. Kein Vertreter war angegeben, keine Weiterleitung installiert. Eine wahre Freude für alle, die eine Terminsache auf dem Herzen haben. Wohlgemerkt, eine Großbank leistet sich so etwas.

Perfekt organisiert war dagegen eine Vertriebsgesellschaft für Ausschreibung und Auftragsbearbeitung in Bonn. Weil alle Kollegen auf den Account eines kranken Kollegen Einblick hatten, kam ans Tageslicht, dass sich jener bestechen ließ. Denn ausgerechnet während der Krankheit kam die verräterische Beschwerde-Mail eines Kunden. Der grantelte, dass er trotz seiner Geschenke nicht bedacht worden war. Der Kranke war seinen Job los.

Im Fahrstuhl mit dem Chef unter vier Augen

Letzte Woche ist dieser Aufzug stecken geblieben, erzählte die Dame den Kollegen. Im Aufzug, wohlgemerkt. Um sich wichtig zu tun oder um das Schweigen zu überbrücken. Einer der Kollegen wurde prompt blass und stieg dann auch schnell aus. Die Dame hatte ein Tabu gebrochen: Sprüche und Witze über ein mögliches Steckenbleiben sind im Fahrstuhl unangebracht, denn zu viele Leute leiden unter Klaustrophobie – und wollen das nicht unbedingt zugeben. Dasselbe gilt für ein Hineinquetschen, wenn der Aufzug schon ziemlich voll ist. Es könnte sein, dass sonst einer der Eingekeilten Platzängste bekommt. Bei Geschäftsreisen in den USA oder moslemischen Ländern sollten Sie übrigens unbedingt Körperberührungen vermeiden. Was bei uns im Gedränge als unvermeidbar akzeptiert ist, wird dort womöglich als Belästigung geahndet.

Ganz flau wird vielen, wenn sie sich alleine mit dem Big Boss der Firma im Aufzug wiederfinden. Was tun? Gar nicht erst einsteigen? Schnell umdrehen und weggehen? Die Flucht ergreifen geht jedenfalls nicht mehr, wenn er Sie schon gesehen hat. Ansonsten gilt: Small Talk ist angesagt. Stehen mehrere im Aufzug, genügt ein „Guten Tag“ und „Auf Wiedersehen“. Sind Sie zu zweit, grüßt der Mitarbeiter den Vorgesetzten zuerst, und zwar mit Namen. Dann ist aber der Chef an der Reihe, dem Mitarbeiter die prekäre Situation erträglich zu machen, er muss etwas sagen. Und ihn dabei anschauen. Er kann nach dem Wochenende fragen oder ihm ein Kompliment machen, etwa über seine Armbanduhr. Höfliche Gelassenheit ist angesagt. Der Mitarbeiter darf jedenfalls nicht die gute Gelegenheit unter vier Augen mit dem Chef dazu nutzen, ihn auf sein Gehalt anzusprechen, von

Abteilungsinterna zu berichten oder irgendwelche Bitten anzubringen. Umgekehrt ist es tabu, den Mitarbeiter zu überfallen und überraschend abzufragen wie einen Schüler. Wie weit er mit seinem Projekt ist oder wie gerade der Stand im Fall Dünnleder ist. Beim Verlassen des Aufzugs hat der Chef jedenfalls den Vortritt, ebenso wie Gäste und Kunden.

Generell gilt: Wer sieht, dass jemand noch eilends versucht, den Aufzug zu erreichen, bevor sich die Türen schließen, der muss die Türen für ihn zwei Sekunden offen halten. Auch wenn er es selbst noch so eilig hat. Was ebenso wenig sein darf: Wenn man sich festquatscht und beim Aussteigen so in den Türrahmen stellt, dass sich die Türen nicht schließen. Sind noch andere im Aufzug, darf man diese nicht aufhalten. Und man blockiert den Aufzug für andere. Das ist ähnlich rücksichtslos, wie im Badeurlaub morgens am Pool die Liegen mit Handtüchern zu besetzen – und erst nach Stunden selbst zu kommen.

„Wie halten Sie den Gestank aus?"

Der Partner einer internationalen Unternehmensberatung besuchte einen Kunden in Süddeutschland und wurde von einer Führungskraft durch die Produktion geführt. Dort entfuhr dem Mann der eine fatale und folgenschwere Satz: „Wie halten Sie es hier nur aus bei dem Gestank?" Doch was der Berater gedankenlos und in Kumpelmanier dahergesagt hatte, sorgte am Ende dafür, dass er dieses Unternehmen kein zweites Mal mehr betreten durfte. Er hatte den Stolz der Belegschaft einfach unterschätzt: Und wenn es noch so stark riecht, so wird doch ein Produkt hergestellt, auf das die Mitarbeiter stolz sein wollen. Auch wenn sie nicht die Firmeninhaber sind, so wollen sie doch ihren Gutteil zum Erfolg ihrer Firma beitragen und in dieser Rolle auch gewürdigt sein. Und die Beraterfirma musste hart darum kämpfen, den Auftrag nicht ganz zu verlieren. Es gelang nur unter der Bedingung, dass dieser eine Seniorberater nicht mehr kommen durfte. Fest steht: Selbst wenn Mitarbeiter zuweilen über ihr eigenes Unternehmen schimpfen wie die Rohrspatzen, bedeutet das nicht, dass sie dasselbe anderen – Unternehmensfremden – erlauben. Sie dürfen das, weil sie jeden Tag aufs Neue hier ihrer Arbeit nachgehen, sie beziehen ihren Lohn und Lebensunterhalt von dort und sind ohnehin mit der Firma schicksalhaft verwoben.

Ein bisschen Nestbeschmutzung darf sein. Und nicht nur das. Firmenkantinen haben geradezu den Sinn, dass die Kollegen beim Mittagessen ordentlich tratschen, lästern und schimpfen sollen – um anschließend wieder an ihre Arbeit zu gehen, irgendwie erleichtert. Nur andere, die dürfen nicht ungestraft über die Firma herziehen – denn das würde mangelnden Respekt bedeuten. Und wenn sich die

Situation ergibt, dass ein Kunde von einem bestimmten Mitarbeiter auf keinen Fall mehr betreut werden will und sich über denjenigen womöglich ausdrücklich beschwert hat, bleibt einer Firma keine Wahl mehr – benimmtechnisch gesehen. Ein Zusammentreffen der beiden muss ausgeschlossen werden, egal wie persönlich ein Mitarbeiter das nimmt. Ein Kunde, der dem Unternehmen auf diese Weise eine zweite Chance gibt, darf dafür nicht bestraft werden.

Und wenn eine Firma – so wie jüngst ein Softwarehersteller, der sich bei einer berechtigten Beschwerde bedingungslos vor seinen ungehobelten Mitarbeiter stellte – das nicht versteht, wird sie ihre Quittung bekommen. Vielleicht nicht sofort, aber irgendwann auf alle Fälle. Denn so sehr lässt sich kein zahlender Kunde erniedrigen, dass er so eine zweifache Zurücksetzung vergisst.

„Erst fragen Sie mich, dann unterbrechen Sie mich?"

Abgeblitzt. Dieser Ausdruck beschreibt ganz gut, wie ein Gesprächspartner den anderen gekonnt zum Schweigen bringt. Im Handstreich, mit wenigen gezielten Worten. Bei manchen, den besonders von sich Überzeugten, ist es oft schon ein Automatismus nach dem Motto, ich bin ohnehin King Louis.

Der andere dagegen fühlt sich miserabel – und noch schlimmer, wenn es Zeugen für diese Art von Abfuhr gibt. So hörte auch ich kürzlich einen Ministerialen zu seiner Tischdame laut und deutlich sagen: „Vielleicht fehlt Ihnen der Hintergrund, um das zu beurteilen." Die Arme hatte ihn ganz harmlos nach Ablaufprozessen in seinem Ministerium gefragt. Um ein guter Gast zu sein, um das Gespräch am Laufen zu halten. Doch der Höfliche muss keineswegs das Opfer sein. Die Devise ist, souverän bleiben, mit ruhiger Stimme und in professionellem Ton kontern: „Das freut mich sehr, heute einen Fachmann vor mir zu haben. Erklären Sie mir doch bitte die Grundregeln der Ministerien bei diesen oder jenen Anfragen."

Machen Sie nur nicht den Fehler, solche Verbalattacken persönlich zu nehmen. Und kommen Sie besser erst recht nicht auf die Idee, ernsthaft beleidigt zu sein. Es lohnt nicht. Die andere Variante: Jemand stellt seinem Gegenüber eine Frage, zum Beispiel nach seiner Familie. Und während der Antwort schweift sein Blick bereits durch den Raum, um erkennbar schon nicht mehr zuzuhören. Gehen Sie darüber hinweg, ignorieren Sie es und beenden Sie noch den Satz.

Der Gipfel der Instinktlosigkeit ist aber, den soeben Befragten direkt zu unterbrechen. Dem Gastgeber zuliebe sollten Sie auch da einfach darüber hinweggehen, wenn es Ihnen so ergeht. So tun, als wäre nichts, es einfach nicht annehmen. Schließlich soll die Situation nicht noch peinlich werden und auch noch die zuhörenden Mitgäste in Verlegenheit bringen. Wiederholt sich das Abblocken, wenden Sie sich kurzerhand interessanteren Gästen zu.

Anders ist es in Meetings oder Konferenzen. Dann wird es ernst. Da kann es sehr wohl wichtig sein, einen Punkt zu Ende zu bringen. Wer da unterbrochen wird, hört erst dem Unhöflichen zu, um dann wieder loszulegen. „Das war wirklich hochinteressant, nun möchte ich noch einmal auf meine Erklärung zurückkommen ...“ sind hierfür die geeigneten Worte.

Unterbricht der Kollege oder Chef Sie daraufhin schon wieder, müssen Sie reagieren. Etwa so: „Ich werde meine Ausführungen noch beenden, dann bin ich gespannt auf Ihre Darstellung.“ Und zur Not darf der Ton dann auch einen Hauch lauter und schärfer werden. Aber nur einen Hauch.

Beim Chef ist Zurückpöbeln tabu

Möchten Sie vom Personalchef als „Simulant“ und „Drecksack“ beschimpft werden? Wohl kaum. So erging es aber einem Arbeitnehmer in Hessen, der peinliche Fall landete vor dem Bundesarbeitsgericht. Weitere ehrenrührige Beispiele gefällig? „Grinsen Sie nicht so blöde“, herrschte ein Abteilungsleiter seine Mitarbeiterin an – vor versammelter Mannschaft im Meeting. Oder die bayerische Chefin, die ihre Mitarbeiterin als „Terminsau“ titulierte. Diese Konfrontationen passieren, gerade in der Hektik des Alltags. Dass es – eigentlich – mit Anstand und professionell zugehen sollte, ist klar. Doch offene Beleidigungen vom Chef sind eine glatte Katastrophe. Zumal: Mitarbeiter legen Worte der Vorgesetzten auf die Goldwaage und vergessen deren Beleidigung nie. Anders als der Chef selbst, dem sie – so seine Eigenwahrnehmung – höchstens mal so rausgerutscht ist. Diese Ausreißer passierten übrigens im Büro und nicht auf dem Bau oder in der Restaurantküche, wo es im Ton ohnehin rüde zugeht.

Die Gretchenfrage: Wie kommt ein so Geschmähter halbwegs gut aus der Situation heraus? Mit einer Entschuldigung des Beleidigers. Dass im Moment des Geschehens kaum Gegenwehr möglich ist, ist klar. Zurückpöbeln macht alles nur noch schlimmer. Dazu sind die Gemüter zu erhitzt, die Empörung zu frisch. Wer also unter vier Augen so angegangen wird, darf empört sein und eine Entschuldigung fordern – danach den Raum verlassen. Ganz ruhig. Reagiert der Chef mit der Chuzpe, ohne Entschuldigung zum Alltag überzugehen, ist eine Ich-Botschaft die richtige Reaktion wie „Ich bin verletzt und erwarte Ihre Entschuldigung“. Mit einer Strafanzeige sollte man jedenfalls nicht drohen, wenn man noch in der Firma bleiben will. Auch den Chef zurechtzuweisen hilft nicht: Dann tauscht man die Opferrolle gegen die des Angreifers.

Tut es dem Chef später leid und er will zur Tagesordnung übergehen, hat aber nicht die Souveränität für eine Entschuldigung, sollten Sie nicht den Hagestolz geben, sondern mit ihm stillschweigend das Kriegsbeil begraben. Aber nicht ohne ein Signal, Beleidigung ist im Gehalt nicht inklusive.

Bleibt zu klären: Was ist mit Beleidigungen vor anderen? Die Dame im obigen Fall sagte sofort „Ich habe nicht gegrinst" – das war perfekt. Als klare Ich-Botschaft, die den anderen nicht angreift. Auch ein deutlich vernehmbares „Ich fühle mich unangemessen angesprochen" wäre eine gute Entgegnung gewesen.

Meetings als Zeitkiller und Geisterbahn

Die ganz effizienten Chefs halten Konferenzen im Stehen ab. Und die dauern – kein Wunder – höchstens halb so lang wie die konventionellen. Diejenigen, bei denen entweder alle in Hufeisenform sitzen oder mit innerem Hufeisen und einer Stuhlreihe an der Wand entlang drum herum. Für die Konferenzteilnehmer in der zweiten Reihe, die Statisten. Die wenigsten Leute gehen gerne hin, weil auf die meisten am Schreibtisch genug Arbeit wartet. Je größer die Runde, umso mehr Zeitverschwendung beim Einzelnen und umso mehr Zeitverschwendung fürs Unternehmen unterm Strich. Rücksichtslos sind Selbstdarsteller, die diese Runden hauptsächlich nutzen, um sich zu inszenieren und für eine Karriere zu empfehlen.

Alles läuft darauf hinaus: Der Chef entscheidet letztlich durch seine Führung, ob das Meeting sinnvoll ist – oder zur Last für die meisten wird. Es ist an ihm, die Regeln sowie den Stil festzulegen und eindeutig zu kommunizieren. Bei Übergriffen oder gar Beleidigungen unter Mitarbeitern untereinander ist er es, der die Aufgabe hat, zu schlichten oder Einhalt zu gebieten. Ebenso ist es an ihm, seine Grundregeln deutlich zu machen: Wen er bei welcher Runde sehen will. Dass die Pünktlichen nicht auf Unpünktliche mit dem Beginn warten müssen. Dass von vornherein der Zeitrahmen feststeht. Dass niemand unvorbereitet erscheint. Oder dass derjenige zurück an seinen Schreibtisch gehen darf oder eben nicht, wenn alles, was ihn betrifft, vorbei ist.

Ganz wichtig ist, niemanden in so einer Runde zu diskriminieren oder bloßzustellen. Sonst wird die Konferenz nicht nur als Zeitdiebstahl angesehen, sondern gerät auch noch in die Nähe einer Geisterbahnfahrt. Etwa wenn zwei Teilnehmer innenpolitische Strategiespiele veranstalten und eine Kollegin vor versammelter Mannschaft in die Zange nehmen, bis sie in Tränen ausbricht. Kommt alles vor im Fimenalltag. Die Leitung sollte darauf achten, dass Themen mit vergleichbarer Relevanz ähnliche Zeit eingeräumt bekommen. Jüngere Mitarbeiter – zuweilen berichten dies auch Frauen – fühlen sich manchmal übergangen, weil sie zu wenig Redezeit bekommen. Oder die Signale so erdrückend sind, dass sie von selbst lieber gleich schweigen, etwa wenn die Führungskräfte ostentativ in die Luft oder in die andere Richtung schauen, wenn der Betreffende das Wort erhebt. Oder ihn gerade mal ausreden lassen, um direkt das Thema zu wechseln und in der nächsten Sekunde einen anderen Konferenzteilnehmer etwas völlig anderes zu fragen. Agiert ein Chef derart hierarchisch – und manche handeln ganz unbewusst so –, dann braucht er sich nicht beklagen, wenn ihm kein Mitarbeiter mehr seine kreativen Ideen erzählt.

Lieber morgen – unter vier Augen

Dritte Straße rechts, vierte links und dann wieder die zweite rechts und dann sehen Sie uns schon, so klingen viele Wegbeschreibungen. Auch offizielle zu Unternehmen. Das Problem ist dann die Mehrdeutigkeit: Hat der Beschreiber der Fahrtroute die kleine Stichstraße mitgezählt? Auch Kreuzungen sind auslegungsfähig. Selbst im Zeitalter der Navigationsgeräte sind Anfahrtsbeschreibungen nötig – und rauben so manchen Nerv. Mein Tipp: Bevor Sie solch eine Beschreibung verbreiten, lassen Sie sie erst einmal zur Probe von einem Ortsfremden abfahren.

Nach meiner Erfahrung geben Frauen übrigens die weit besseren Direktiven: Sie beschreiben mehr Details und geben weitere Orientierungspunkte wie Tankstellen, S-Kurven oder Firmen auf dem Weg an. Notfalls Leuchtreklamen. Hauptsache, der Suchende weiß nach drei Kilometern, ob er überhaupt noch auf dem richtigen Weg ist oder schon seit drei Kilometern in die Pampa fährt. Sie glauben nicht, wie erleichternd es ist, den Kartoffelbauern zu erreichen, von dem – etwa bei längeren Strecken über Land ohne größere Schilder – als Orientierungspunkt die Rede ist. Vor allem sollten die Wegbeschreibungen auch im Dunkeln funktionieren – ganz wichtig.

So manches Mal wurde ich nämlich von Gastgebern mit der leutseligen Frage empfangen „Ich hoffe, dass Sie gut zu uns gefunden haben?". Nein. Danke. Es war schrecklich. In manchen Großstädten etwa, wo ein und derselbe Straßenname zweimal vergeben ist – in gänzlich entgegengesetzt liegenden Stadtteilen. Aber das dürfen Sie nicht zugeben – nicht jetzt. Sie bewahren Contenance, entschuldigen sich für die Verspätung – ohne Erklärung. Erst am nächsten Tag sollten Sie dem Gastgeber sagen, was Ihre Verspätung verursachte: „Darf ich Ihnen einen Tipp geben. Mir hätte in der Anfahrtsskizze Folgendes geholfen ...“

Dies gilt jedenfalls dann, wenn Sie nicht der einzige Gast sind, sondern bereits mehrere anwesend sind. Als Gast müssen Sie zur guten Stimmung beitragen und dürfen nicht – egal, wie genervt Sie sind – die allgemeine Stimmung beeinträchtigen. Wenn Sie genötigt sind zuzugeben, dass Sie sich verfahren haben, nehmen Sie es bitte zunächst vor anderen auf Ihre Kappe. Begrüßt Sie der Gastgeber aber alleine oder sind Sie der einzige Gast, dürfen Sie stöhnen.

Negatives und Kritisches gehört nie in den Small Talk oder in Gespräche mit Gästen. So ist es absolut unmöglich, wenn ein Chef den Mitarbeiter beim Kollegenausstand fragt, wie denn so die Lage sei – und derjenige am liebsten gleich eine ganze Latte von Missständen berichten würde. Wenn der Vorgesetzte sich schon diesen Fauxpas leistet und Dienstliches in geselliger Runde anspricht – quasi eine Attacke auf den Unvorbereiteten reitet –, hilft nur dieser Satz: „Oh, ich würde Ihnen gerne ganz viel erzählen. Aber lieber morgen unter vier Augen.“

„Erklären Sie mir bitte nicht Ihre Orga"

Wie sich ein Unternehmen organisiert, ist seine Sache. Wie es das im Einzelnen macht, das kann und will ich auch gar nicht so genau wissen, solange ich dort nicht arbeite. Als Geschäftspartner, Auftragnehmer oder Kunde dagegen möchte ich nur eins: dass der Kontakt mit der Firma funktioniert, möglichst gut und regelgerecht. Nach dem Motto, interessant ist nur, was unterm Strich herauskommt. Im Alltag eingeschlichen hat sich nämlich bei vielen Mitarbeitern diese Marotte: In epischer Breite erklären sie Externen ihre firmeninternen Spielregeln.

Zum Beispiel: Ein Freund von mir hatte für einen großen Markenartikler einen Auftrag ausgeführt und seine Rechnung geschrieben. Auf sein Geld musste er warten, monatelang. Dann versuchte er nachzuhelfen. Nach etlichen Mails und mehreren Telefonaten erreichte er nur, dass er den Zuständigen in der Buchhaltung an der Leitung hatte. Der Mann eröffnete ihm, dass seine Rechnung überhaupt nur eine Person abzeichnen könne – derjenige sei nicht anwesend gewesen und deshalb blieb die Rechnung, ganz selbstverständlich, wochenlang liegen. Bis der eben wieder da sei, vorher ginge nichts. Und das ist der Punkt: Eine Seite hält die Spielregeln nicht ein, stiehlt dem anderen aber die Zeit und treibt ihn auf Telefonkosten, um dann die eigene Desorganisation lang und breit zu erklären und ganz selbstverständlich Verständnis einzufordern. Ich meine, krude Abläufe entschuldigen nichts.

Manchmal kommt es ganz toll: Alle Firmen nummerieren heute ihre Kunden durch. Ohne diese Nummer geht gar nichts. Bei manchen – insbesondere bei Online-Anbietern – kann man ohne Nummer nicht mal etwas bestellen. Etliche Firmen verteilen im Nummernrausch ein und derselben Person oder Firma immer neue Kundennummern. Wohl weil der Sachbearbeiter so technische Hürden überwinden kann – den Schaden hat dann aber der Kunde: Wenn er die Rechnung bezahlt hat, ihm die Überweisung aber nicht zugeordnet wird. Weil es ihn für die Firma ja drei Mal gibt. Bezahlt hat sozusagen ein anderer. Oder weil die Kunden- oder Rechnungsnummer nicht zugeordnet werden kann – und der eingegangene Betrag herrenlos ist. Aber das Geld behält die Firma trotzdem. Und was glauben Sie, wer alles entwirren muss, wenn er trotz Zahlung gemahnt wird? Richtig, der Kunde in einem halbstündigen Telefonat gemeinsam mit einem Buchhalter. Der ihm natürlich im Detail erklärt, warum er Nerven bewahren muss.

Tag und Nacht im Büro

Wer freiwillig – der Firma zuliebe – unbezahlte Überstunden macht, braucht sich dafür weder Tadel noch Spott gefallen lassen.

„Na, Sie kommen aber früh heute!" Mit diesem Spruch begrüßte die Chefin einer Bank ihren Mitarbeiter morgens um zehn Uhr. Um gleich zu drohen: dass dem Mitarbeiter – und Handelsblatt-Leser – eigentlich eine Abmahnung blühe. Weil er ja gegen die Arbeitsordnung verstoßen habe. Sie aber wolle es bei einer Verwarnung belassen, da der Mitarbeiter ja zum Wohle des Kunden gehandelt habe. Das wirkte wie eine Kiste Dynamit. Tatsächlich hatte der Mitarbeiter am Vorabend bis nachts um ein Uhr in der Bank gesessen, da es Probleme gab, die er lösen musste – und dadurch dem Kunden und der Bank 400000 Dollar gespart. Und nun kam der Tadel, obwohl es ohnehin Gleitzeit gab in der Bank. Der Mann war fassungslos – und verletzt: Hatte er doch nicht nur dieses eine Mal seine Pflicht im Übermaß erfüllt, sondern auch gegen die Arbeitszeitordnung verstoßen und seine Überstunden bei einer Arbeitszeit von bis zu 15 Stunden am Tag nicht aufgeschrieben. Die Frage ist aber: Wie kann ein Mitarbeiter reagieren, wenn der Chef die erbrachte Leistung nicht würdigt und – im Gegenteil – obendrein sogar droht?

Ich empfehle konkrete Ansagen wie: „Ich habe meine gestrige Arbeitszeit um sechs Stunden verlängert und der Bank sowie dem Kunden Geld gespart. Mein Engagement mit einer Ermahnung zu quittieren kann ich nicht akzeptieren." Oder: „Ich bin erstaunt, dass Sie mir nach meinem Einsatz bis nach Mitternacht die Verspätung vorwerfen." Oder: „Ich kann nicht Tag und Nacht im Büro arbeiten. Daher bin ich – nach dem erfolgreichen nächtlichen Einsatz – heute etwas später im Büro." Von Ironie oder emotionalen Reaktionen rate ich dringend ab.

Der Gipfel der Frechheit war der Kommentar, den eine schwangere Unternehmensberaterin zu hören bekam, als sie ausnahmsweise mal um 19 Uhr nach Hause ging: „Schönen Nachmittag!“ Auch wenn in manchen Branchen wie bei Beratungen oder Großkanzleien besonders lange gearbeitet wird, so muss immer eine Sensibilität bestehen für berechtigte Ausnahmen und für das, was gemeinhin als normal gilt. Ein amerikanisches Sprichwort sagt: „Betrachte nichts als selbstverständlich.“ Und das bedeutet für Führungskräfte: Wer alle Extraleistungen seiner Mitarbeiter nicht erwähnenswert findet, wird bald keine Mitarbeiter mehr haben, die dazu bereit sind. Besonderes Engagement muss belohnt werden und der erste – gar nicht teure – Schritt ist ehrliche Anerkennung.

Ein Schweizer Banker, den ich kenne, bedankt sich jeden Freitag bei seinen Mitarbeitern für ihren Einsatz: „Das kostet doch nichts und billiger kann ich sie nicht motivieren“, heißt seine simple wie einleuchtende Erklärung. Das schwäbische Motto „Nicht kritisiert ist Lob genug“ mag vielleicht auf der Alp funktionieren, im Allgemeinen tut es das aber nicht.

„Ich melde mich – irgendwann"

Ich staunte nicht schlecht, als ich vor Kurzem diese Mail bekam: „Vielen Dank für Ihre Nachricht. Ich bin nicht im Büro und werde auf Sie zurückkommen nach meiner Wiederkehr." Es war die automatische Abwesenheitsmeldung eines Mitarbeiters in einem großen deutschen Unternehmen. Doch leider verriet mir diese Mail so gar nichts. Weder, wann mein Adressat zurückkommen sollte. Noch, ob diese Mail in der Zeit seiner Abwesenheit automatisch an einen Stellvertreter weitergeleitet und bearbeitet werde – oder ob dies eben nur die Ansage war, dass hier das Ende der Sackgasse erreicht sei. Auch verriet mir die Mail nicht, wo der Herr in Notfällen über ein Mobiltelefon erreichbar ist oder wie man statt seiner einen Kollegen oder zumindest ein Sekretariat erreichen kann. Nicht einmal, ob der Adressat im Urlaub, auf einer Dienstreise oder nur einen Tag mal nicht im Büro ist. Oder die Information, ob er trotz Urlaubs gelegentlich seine Mails liest. Alles offen, null Anhaltspunkte.

Ganz abgesehen davon, dass diese Nachricht in englischer Sprache abgefasst war. Nur auf Englisch wohlgemerkt, ohne deutsche Fassung.

Zumal: Es ist eine Form der Missachtung, wenn sich der Absender solcher Abwesenheitsnotizen keine Gedanken über seine Kunden und Geschäftspartner mit ihren Anliegen macht. Ich rate, alles zu vermeiden, was vom Empfänger als herabwürdigend gewertet werden könnte.

Unternehmen – sprich Managern und Firmeninhabern –, denen ihre Reputation und Kundenorientierung am Herzen liegt, sollten vorsichtshalber sicherstellen, welchen Mindestanforderungen Abwesenheitsmeldungen ihrer Mitarbeiter genügen sollen – als Corporate Behaviour. Individualität ist dem Privaten vorbehalten, geschäftlich sollten Qualitätsstandards gelten, die eine professionelle Unternehmensrepräsentanz sichern. Es ist ausgesprochen lehrreich für Chefs, mal selbst von außen in ihrer Firma, möglichst in der Zentrale, anzurufen und in der Rolle ihrer eigenen Kunden zu überprüfen, wie man sie so behandelt. Das rate ich vor allem auch mal nach 17 Uhr zu machen, wenn die Zentrale in vielen Firmen unbesetzt ist und Gott weiß wer – bis hin zur Putzfrau oder dem Aushilfspförtner – das Telefon bedient und Anrufer verzweifeln lässt. Oder die Firmenbriefbögen: Haben Sie schon mal Ihre Bankverbindungen ablesen müssen? Die sind fast immer viel zu klein gedruckt. Ganz zu schweigen von fehlenden Mailadressen.

Man trifft sich immer zwei Mal

Der junge Handelsblatt-Leser war ratlos: Er hatte schon seit einem Jahr Kontakt zu einem deutschen Großunternehmen und man hatte sich darauf verständigt, Kontakt zu halten und nach seinem Stipendium im Ausland vielleicht zusammenzukommen. Die Gespräche waren bereits so weit gediehen, dass er nach einem Bewerbungsgespräch mit dem Fachabteilungsleiter gesprochen hatte – und jener ihm bedeutet hatte, dass er bald qualifizierte Mitarbeiter brauche

Ich finde es ganz hervorragend, daß Sie Ihre Gedanken einmal zu Papier gebracht haben. Allerdings, dass es mehr als drei Zeilen sind, weckt mein Misstrauen.

und ihm in einem Monat Bescheid geben wolle. Der Monat verstrich, kein Anruf kam.

Anrufe bei der Fachabteilung verliefen ebenso ergebnislos wie die in der Personalabteilung. Zusagen anderer Unternehmen kamen gar dazwischen – und der Leser muss sich entscheiden. So wie ihm ergeht es vielen Bewerbern, tagtäglich. In vielen Unternehmen existiert keine stringente Koordination für diese Verfahren. Doch was tun, wenn man so vertröstet wird?

Das Beste ist, der Personalabteilung eine Mail zu schicken und den Fachabteilungsleiter auf „cc:“ zu setzen, knapp die Chronologie zu schildern und um Rückmeldung zu bitten. Passiert daraufhin immer noch nichts, ist ein Anruf vier Tage später angebracht.

Tut sich dann immer noch nichts, greift Plan B: Denn manchmal entpuppen sich Unternehmen, die auf den ersten Blick nicht so verlockend wirken, als perfekte Arbeitgeber. Zumal: Gerade im Business gilt der Satz „Man sieht sich immer zwei Mal im Leben“, und wie schnell ist derselbe, der von einer Firma mal eine unhöfliche Abfuhr bekam, plötzlich der Entscheider für einen großen Auftrag auf der anderen Seite. Korrektes Corporate Behaviour bedeutet, dass alle – wirklich alle – Kontakte ohne Unterschied ob Kunde, Bewerber, Bittsteller für ein Sponsoring oder sonst wer vermeintlich Unwichtiges mit derselben Sorgfalt und Professionalität erledigt werden – von allen im Unternehmen, nicht nur dem Chefsekretariat. Zu- wie Absagen müssen gleich höflich erfolgen, AAA-Kunden ebenso gut behandelt werden wie Vertreter, die etwas verkaufen wollen. Ist das nicht sichergestellt, braucht man gar nicht antreten. Ahnen Sie auch nur, an welcher Stelle in Ihrem Unternehmen gerade ein Anrufer unfreundlich abgefertigt wird? Ein Vertreter das Telefon bedient und Kunden anfährt, weil er überlastet ist? Oder den Hörer gar nicht erst abnimmt und seelenruhig danebensitzt? Ist Professionalität nicht unbedingtes Ziel, sind auch keine langjährigen Beziehungen auf beruflicher Ebene gewährleistet.

STICHWORTVERZEICHNIS

V

W

Z